B2 DELF

ALTER ego

MÉTHODE DE FRANÇAIS

4

Annie BERTHET

Professeur formateur à l'Alliance française de Paris

HACHETTE
Français langue étrangère
www.hachettefle.fr

Crédits photographiques

p. 11 © Samson Thomas/Gamma ; **p. 12** © AFP ; **p. 22** © Archives Alinari, Florence, Dist RMN ; **p. 23** (gauche) © Bibliothèque de l'Arsenal, ms 5070 ; (droite) © Tal/Rue des Archives ; **p. 28** © Bernard Foubert/Photononstop ; **p. 39** © Nicolas Tavernier/Rea ; **p. 58** © Jean-Gilles Berizzi/RMN ; **p. 72** © Franck Modell/DR ; **p. 83** (haut gauche) © Getty images/Matt Carr ; (haut droite) © Photononstop/Alain Le Bot ; (milieu) © Peters Doug/Abaca ; (bas gauche) © Getty images/Adam Smith ; (bas droite) © Girardi/Sipa.

Nous avons fait notre possible pour obtenir les autorisations de reproduction des textes et documents publiés dans cet ouvrage. Dans le cas où des omissions ou des erreurs se seraient glissées dans nos références, nous y remédierions dans les éditions à venir. Dans certains cas, en l'absence de réponse des ayant-droits, la mention D.R. a été retenue. Leurs droits sont réservés aux éditions Hachette.

Conception graphique et couverture : Amarante

Mise en pages : Delphine d'Inguimbert

Iconographie : Estelle Dhenin

Illustrations : Bernard Villiot

Secrétariat d'édition : Claire Dupuis

Pour découvrir nos nouveautés, consulter notre catalogue en ligne, contacter nos diffuseurs ou nous écrire, rendez-vous sur Internet : **www.hachettefle.fr**.

ISBN : 978-2-01-155517-5
© Hachette Livre 2008, 43, quai de Grenelle, F 75 905 Paris Cedex 15.

Sommaire

DOSSIER 1 : *Racines*

La vie au quotidien 4
Des mots et des formes 6
Points de vue sur... 8
Des mots et des formes 10
Techniques pour... 12

DOSSIER 2 : *Privé*

La vie au quotidien 14
Des mots et des formes 16
Points de vue sur... 18
Des mots et des formes 20
Techniques pour... 22

DOSSIER 3 : *Domicile*

La vie au quotidien 24
Des mots et des formes 26
Points de vue sur... 28
Des mots et des formes 30
Techniques pour... 32

DOSSIER 4 : *Grandir*

La vie au quotidien 34
Des mots et des formes 36
Points de vue sur... 39
Des mots et des formes 40
Techniques pour... 42

DOSSIER 5 : *Professionnel*

La vie au quotidien 44
Des mots et des formes 46
Points de vue sur... 48
Des mots et des formes 50
Techniques pour... 52

DOSSIER 6 : *Plaisirs*

La vie au quotidien 54
Des mots et des formes 56
Points de vue sur... 58
Des mots et des formes 60
Techniques pour... 62

DOSSIER 7 : *Convictions*

La vie au quotidien 64
Des mots et des formes 66
Points de vue sur... 68
Des mots et des formes 70
Techniques pour... 72

DOSSIER 8 : *Singularités*

La vie au quotidien 74
Des mots et des formes 76
Points de vue sur... 78
Des mots et des formes 80
Techniques pour... 83

DOSSIER 9 : *Rétrospectives et prospectives*

La vie au quotidien 84
Des mots et des formes 86
Points de vue sur... 88
Des mots et des formes 90
Techniques pour... 92

CORRIGÉS 95

PORTFOLIO 105

La vie au quotidien

1

Rétablissez l'ordre des différentes parties de la lettre de motivation suivante.

a. ......

b. ......

ABC ET CO
26, rue du Clos-Fleuri
14200 Heures

Véronique Bannette
6, allée des Sapins
91370 Verrières-le-Buisson

Paris, le 20 juin 2007

Monsieur,

c. ...... —— Au cours d'une expérience réussie en contrôle et assurance qualité dans l'agroalimentaire, j'ai participé à la mise en place et à l'obtention de la certification ISO 9002 et me suis familiarisée avec la gestion de laboratoire (HSM : logiciel DIDYMA) afin de gérer les analyses en liaison avec la production, d'éditer les bulletins d'analyse, d'effectuer des statistiques et de former des utilisateurs.

d. ...... —— Dans cet esprit, je souhaite vivement vous rencontrer afin de vous exposer les compétences que je peux apporter à une entreprise.

e. ...... —— Jeune ingénieur chimiste, expérimentée dans l'utilisation de la gestion informatique de laboratoire, je vous propose ma collaboration.

f. ...... —— Veuillez agréer, Monsieur, l'expression de mes salutations distinguées.

g. ...... —— De plus, la conduite d'un projet de recherche aux États-Unis m'a permis de renouer avec mes racines puisque je suis née à Boston de mère américaine et de père français et suis de ce fait parfaitement bilingue.

V. Bannette

a) Lisez la lettre de motivation suivante, puis prenez connaissance des critiques d'un spécialiste de la rédaction de CV.

Faure Liliane

5, rue du Moulin

26420 Nouville

Société COLET CO

20, avenue du Maine

14000 Vaupin

Référence : 99

Nouville, le 12 mai 2007

Madame, Monsieur,

Je me permets, par la présente, de faire acte de candidature pour le poste de secrétaire bilingue que vous proposez dans l'annonce citée en référence.

Ayant occupé 10 ans un poste de secrétaire dans l'administration, je pense être en mesure de tenir le poste.

Avec ce courrier, vous trouverez un curriculum vitæ qui résume ma formation et mon expérience.

Je vous prie d'accepter, Madame, Monsieur, l'expression de mes salutations respectueuses.

L Faure

REMARQUES

- Mise en page correcte.
- Style trop administratif :
– La formule «je me permets» manque de dynamisme.
– Les expressions «par la présente» et «faire acte de candidature» n'apportent rien. L'expression «avec ce courrier» conforte définitivement le lecteur dans sa perception administrative.
– Évitez de commencer un paragraphe par un participe («ayant occupé») : ce langage vous entraîne dans des phrases trop longues.

– Soyez plus précise : parlez de votre expérience, des compétences que vous avez acquises et de ce que vous pouvez apporter à l'entreprise (traduction de documents administratifs, rédaction de courrier en anglais, par exemple).
– Mettez-vous plus en valeur et parlez de vos désirs d'évolution.
– Formule à revoir : on ne peut pas dire «tenir un poste».
– Évitez les répétitions (trois fois le mot «poste»).
– Terminez votre lettre en sollicitant un rendez-vous.

D'après *Challenges, Le Guide du CV*, 1997.

b) Sur une feuille séparée, réécrivez la lettre en tenant compte des remarques faites.

a) Sur une feuille séparée, rédigez une lettre de motivation en réponse à l'annonce suivante.

L'OFFICE du TOURISME de NICE

Recherche **hôte / hôtesse d'accueil**

Salaire mensuel brut : **1 800 euros**

Vous aimez les contacts avec le public, vous avez une excellente présentation et vous parlez plusieurs langues.
Vous devrez recevoir et informer les touristes qui se présentent dans nos locaux.
Poste à pourvoir à partir de mai.
Contrat : CDD.

b) Formez un jury de six personnes (désignées par la classe). Ce jury retiendra les trois meilleures lettres de motivation en justifiant ses choix.

DES MOTS ET DES FORMES

1

LEXIQUE

a) Trouvez le mot correspondant à chaque définition. (Il s'agit de mots d'origine latine ou grecque.)

1. Meurtre du frère : ....

2. Qui est marié à une seule femme : ....

3. Qui a peur de l'étranger : ....

4. Qui caractérise un triangle aux trois côtés égaux : ....

5. Science de l'âme : ....

6. Qui a plusieurs formes : ....

7. Qui mange de tout : ....

8. Très grande ville : ....

b) Rétablissez la logique du texte. Mettez les mots soulignés à la bonne place.

Les clandestins (.................................) ont dit qu'ils voulaient vérifier la régularité de notre présence sur le passeport (.................................) français et j'ai eu peur : contrôler l'identification (.................................) de quelqu'un, c'est déjà délégitimer sa présence. Ils ont exigé de voir nos consulats (.................................). Les hommes ont répondu qu'ils ne possédaient pas leur sol (.................................) sur eux. Plus tard, j'ai appris que c'était une technique utilisée par tous les policiers (.................................) : ne jamais donner son passeport pour gagner du temps et retarder l'application de la mesure de reconduite à la frontière. Car, une fois que les autorités françaises ont procédé à l'origine (.................................) du pays d'identité (............:.................), elles n'ont plus qu'à obtenir les papiers (.................................) que les laissez-passer (.................................) étrangers, moyennant une cinquantaine d'euros, leur accordent en quelques jours.

D'après Karine Thuil, *Douce France*, Grasset, 2007.

2

LEXIQUE

Complétez le texte avec les mots suivants.

communautés – immigré – mémoire – pays d'origine – déracinement – culture – adaptation – immigrants – langue – origines

Chaque groupe d'................................, en provenance de .... proches ou lointains, s'efforce de se protéger contre les effets destructeurs du ...., en reconstituant une vie collective. La ...., la ...., les habitudes qui témoignent jour après jour de l'« étrangeté » du groupe sont les plus puissants instruments de conservation de cette .... des origines.

La vie quotidienne, les efforts d'adaptation que l'................................ est bien forcé d'accomplir pour survivre constituent eux-mêmes un début de « trahison des origines ».

La mémoire collective des .... d'immigrants peut donc être analysée comme une lutte sans fin entre des « dispositions natives » qui poussent l'individu à se tourner vers ses .... et sa vie quotidienne en pays étranger qui exige une ...., c'est-à-dire un sacrifice du passé au profit du présent et de l'avenir.

D'après Gérard Noiriel, « Français et étrangers »,
dans *Lieux de mémoire*, t. III, *Les France*, dir. P. Nora, Gallimard, 1992.

3

Complétez le texte. Choisissez le temps qui convient.

Un soir, je (retournais/suis retourné) .... au métro Réaumur-Sébastopol. Il (m'avait semblé/me

semblait) .... qu'il y (a eu/avait) .... des années que je (ne reve-

nais pas/n'étais pas revenu) ....; quand j'(entendais/ai entendu) ....

.... les coups du tambour résonner de loin dans le couloir, ça (m'a fait/me faisait) ....

.... frissonner : je ne (savais pas/n'avais pas su) .... à quel point ça (m'avait

manqué/me manquait) ....

Dans le couloir, à la croisée des tunnels, les joueurs (avaient été/étaient assis) ...., ils (ont

frappé/frappaient) .... sur les tambours. Il y (avait/a eu) ....

ceux que je (connaissais/avais connus) ...., les Antillais, les Africains et d'autres que je (n'ai pas

vus/n'avais pas vus) ...., un garçon avec des cheveux longs, la peau couleur d'ambre, de Saint-

Domingue, je crois.

D'après J.-M.G. Le Clézio, Poisson d'or, Gallimard, 1999.

4

Transformez les phrases en commençant par *À cette époque-là*.

Exemple : Maria veut retourner dans son pays natal parce qu'elle a décidé de partir à la recherche de ses origines.
➜ *À cette époque-là, Maria voulait retourner dans son pays natal parce qu'elle avait décidé de partir à la recherche de ses origines.*

1. Cet État offre le droit d'asile à tous ceux qui ont fui leur pays pour raison politique.

....

2. Elle n'a toujours pas la nationalité française parce qu'elle n'a engagé aucune démarche pour l'obtenir.

....

3. Maintenant, si je devais émigrer, j'irais au Canada.

....

4. Mon ami m'explique qu'il a quitté son pays pour échapper à la misère.

....

5. Vous êtes en situation illégale parce que vous n'avez pas fait renouveler votre passeport.

....

5

Faites l'accord des participes passés si nécessaire.

À peine engagée, Marie s'était vite rendu..... compte de la froideur de ses collègues de bureau. Dans un premier temps, elle ne s'en était pas formalisé..... et s'était même demandé..... si elle faisait correctement son travail, aussi s'était-elle efforcé..... d'être le plus rigoureuse possible.

Mais les remarques désobligeantes et les petites vexations s'étaient succédé..... sans raison valable et Marie ne disait mot. Jusqu'au jour où deux «anciennes» s'en sont violemment pris..... à elle pour une histoire de dossiers qu'elle n'avait, prétendument, pas rangé..... au bon endroit. Le soir même, Marie s'est plaint..... auprès de son chef de service.

1

Rétablissez la logique du texte. Mettez les différents paragraphes dans l'ordre.

Dynamique du langage

a. ..... — C'est pour cela qu'aujourd'hui très peu d'entre eux disent «une meuf», ce mot étant quasiment devenu «normal». Le mot en question a donc, à son tour, été mis en verlan et le nouveau mot employé est une «feum». On assiste donc à un phénomène de «verlanisation du verlan», emblématique d'une volonté de préservation langagière.

b. ..... — La diffusion dans la société de ce type de langage peut laisser croire qu'il y a une volonté d'appropriation par la culture dominante d'un langage parlé par une minorité.

c. ..... — Ce refus de voir son langage connu de la culture dominante peut laisser penser que les jeunes des cités cherchent à fabriquer une contre-culture. C'est ainsi qu'à la fin d'un contrôle dans une classe de seconde, alors qu'un enseignant avait dit à ses élèves «mettez vos copies al» (au lieu de dire «mettez vos copies là»), ces derniers ont été insatisfaits, disant «l'prof, y s'prend pour une caillera»… Seuls quelques élèves furent satisfaits : il s'agissait de bons élèves !

d. ..... — En effet, de plus en plus de mots en verlan sont utilisés par les jeunes, de quelque milieu social qu'ils soient. Des expressions comme «c'est ma meuf» ou «voilà les keufs» sont légion, y compris, parfois, dans les publicités et surtout dans les caricatures.

e. ..... — Le langage dont il est ici question est loin d'être figé. Au contraire, il évolue. Mais cette évolution est liée à celle du langage véhiculé par la culture dominante.

f. ..... — Mais les jeunes concernés semblent avoir une autre vision des choses. Effectivement, lorsqu'ils constatent, de façon collective et inconsciente, que «leur» langage est parlé par d'autres, de nouvelles normes langagières émergent et, ainsi, le langage évolue.

g. ..... — Cette volonté d'appropriation témoigne du fait que la culture dominante cherche à voir l'expression d'une sous-culture dans le langage parlé par les jeunes des cités (et dans son «ancêtre», celui parlé par les loubards). Cela se confirme lorsque l'on s'aperçoit que des «dictionnaires du verlan» sont publiés, tout comme l'ont été (et le sont toujours) des dictionnaires de l'argot.

D'après J.-D. Haddad, « Le langage verbal des jeunes des cités », DEES 111, mars 1998 (www.cndp.fr).

2

Vous participez à un forum de discussion sur Internet. Réagissez à la question posée.

> ➤ FORUM
>
> | Discussion : Langage des jeunes : marque de créativité ou signe d'appauvrissement de la langue ? |
>
> Vous

....

....

....

....

....

....

....

....

....

....

....

....

3

Vous écrivez au journal pour réagir aux propos de ce lecteur. Rédigez votre message sur une feuille séparée.

COURRIER DES LECTEURS

Je fais partie de ces personnes pour lesquelles le drapeau de son pays est un symbole fort. Alors, pour les grandes occasions comme la fête nationale, quoi de plus normal que de mettre un drapeau à sa fenêtre pour affirmer l'identité nationale ?

Jean (Paris, 16ᵉ)

4

Complétez le message suivant diffusé sur un forum d'Internet. Exprimez votre opinion d'une manière argumentée sur une feuille séparée.

> ➤ FORUM
>
> | Discussion : L'intégration |
>
> Karim : J'ai cherché dans le dictionnaire la définition du mot « intégration ». Il existe une définition philoso-phique : « établissement d'une interdépendance plus étroite entre les membres d'une société » et la définition courante : « opération par laquelle un individu ou un groupe s'incorpore à une collectivité, à un lieu ». Ces deux interprétations sont très différentes. La première met en scène un mouvement réciproque d'intégrations des éléments où chacune des parties se rapproche de l'autre. Elle suggère donc que nous travaillions tous et de manière permanente à notre intégration. La deuxième évoque un mouvement unilatéral où une partie se rapproche de l'autre, ethniquement formée. Pour ma part, je préfère...

DES MOTS ET DES FORMES

1

a) Reconstituez ces extraits du dictionnaire _Caillera_ des banlieues. Associez chaque exemple à sa version en langage familier.

Exemples

1. BALLE : exprime l'enthousiasme, quelque chose de bien, de beau. _Cette meuf, c'est de la balle !_
2. JARTER : se faire jeter. _On s'est fait jarter du Leclerc._
3. KEDAL : rien. _J'ai chouravé des garros mais t'auras kedal !_
4. STYLÉ : beau, joli, qui se laisse regarder. _Ouaille mec, ton survêt, il est trop stylé !_

Version en langage familier

..... **a.** J'ai piqué des clopes mais t'auras rien !.   ..... **c.** Ouah ! Kamel, ton jogging, il est superchouette !

..... **b.** On s'est fait virer/jeter du supermarché.   ..... **d.** Elle est superbelle, cette femme !

b) Transformez en langue soutenue les phrases suivantes.

Exemple : CHANMÉ : méchant, peu plaisant. _Chanmé les exercices donnés par la prof de maths !_
➜ _Les exercices que nous a donnés notre professeur de mathématiques sont vraiment rébarbatifs !_

1. TAFF : travail. _Ouaille ! j'peux pas aller au stade ce soir j'ai trop d'taff._

➜ ....

2. CHEUTRON : tête, visage. _Zyva, tu t'prends pour quoi ? J'vais t'exploser la cheutron !_

➜ ....

3. DOSSIER : honte. _Trop le dossier cette histoire !_ ➜ ....

2

Lisez la « recette » pour écrire des textos économiques, puis décodez les messages.

Pour raccourcir au mieux les messages, l'essentiel de la communication écrite passe par une forme épelée de l'écriture, ou par une tentative d'équivalence graphie/phonie avec, parfois, des emprunts à l'anglais.
Exemple : Si je veux écrire « Emma a cassé toutes ses poupées »,
je peux écrire « Ma a KC toutc pouP » ou « Ma a KC2t C pouP ».
La forme épelée de l'écriture est graphiée par les majuscules M, K, C, P qui se prononcent èm/ka/sé/pé, les minuscules se prononçant normalement.

1. T ou ? ....
2. Kestufé ? ....
3. Je Vo 6né ....
4. LM 20-100 ....
5. G2 bu ....
6. A2 m'1 ....

3

Mettez les verbes entre parenthèses au temps qui convient.

Né le 27 octobre 1932 à Paris, Jean-Pierre Cassel (être) .... fils d'un médecin et d'une chanteuse qui lui (transmettre) .... son amour du spectacle. Après son baccalauréat, il (s'inscrire donc) .... au cours Simon où il (apprendre) .... non seulement la comédie mais le chant et la danse, formation très complète qu'il (exploiter) .... tout au long de sa carrière avec ses incursions du côté du music-hall et de la chanson. À 20 ans, il (faire) .... ses premiers pas devant la caméra dans _La Route du bonheur_ en 1952. Les plus grands réalisateurs le (diriger) .... : Claude Autant-Lara, Philippe de Broca, Jean Renoir, Claude Chabrol. Il (tourner) .... aussi beaucoup à l'étranger. Fantaisiste mais réservé, très populaire et pourtant discret, il (échapper) .... aux pesanteurs du vedettariat, saltimbanque élégant qui ne (forcer) .... jamais la note.

Il meurt le 20 avril 2007 à Paris à l'âge de 74 ans.

D'après _Le Figaro_, 22/04/07.

a) Complétez les extraits de biographies. Mettez les verbes entre parenthèses au temps qui convient (plus-que-parfait ou passé antérieur).
b) Dites à quel personnage chacun correspond : Jeanne d'Arc, Blaise Pascal, Claude Monet ou François Ier.

1. Le matin du 23 novembre 1654, après qu'X (vivre) .... une nuit d'extase mystique, X décida de consacrer sa vie à la foi et à la piété. X (ne pas encore achever) .... son *Apologie de la religion* quand X mourut, et seuls des fragments de cet ouvrage furent publiés sous le titre *Pensées*. ➜ Il s'agit de ....

2. Parce qu'X (intituler) .... une de ses toiles *Impression, soleil levant*, le mouvement dont X fut le représentant le plus typique fut baptisé l'impressionnisme. ➜ Il s'agit de ....

3. X fut mise à la tête d'une petite armée aussitôt qu'X (être reçue) .... par le roi et X joua un rôle décisif dans la délivrance d'Orléans. ➜ Il s'agit de ....

4. X succéda à son cousin Louis XII dont X (épouser) .... la fille. Dès qu'X (accéder) .... au pouvoir suprême, X reprit la politique italienne de ses prédécesseurs, passa les Alpes et remporta, sur les Suisses, la bataille de Marignan en 1515. ➜ Il s'agit de ....

À partir des éléments suivants, rédigez au passé une notice sur Amélie Nothomb.

Amélie Nothomb

1967	Naissance au Japon. Son père, Patrick Nothomb, est ambassadeur, baron et écrivain.
1967-1972	Enfance au Japon, dont elle reste profondément marquée ; elle parle couramment japonais et devient interprète.

Elle vit successivement en Chine, à New York, au Bangladesh, en Birmanie et au Laos. Puis elle débarque à dix-sept ans sur le sol de Belgique, berceau de sa famille, où elle entame une licence en philologie romane à l'Université libre de Belgique. Mais elle se sent incomprise et rejetée. Se définissant comme «graphomane», elle écrit depuis l'âge de dix-sept ans.

....
....
....
....
....
....

Retrouvez les paroles d'un employé de la préfecture au service accueil des étrangers. Associez les éléments.

1. Vous devez attendre dans le couloir	aussitôt que	**a.** demander à être naturalisé.
2. Vous êtes en situation illégale	jusqu'à	**b.** vous aurez reçu votre convocation.
3. Vous devez attendre trois ans à partir de la date de votre mariage	tant que	**c.** il sort dans la rue.
4. Voici votre titre de séjour provisoire	jusqu'à ce que	**d.** vous n'avez pas de titre de séjour.
5. Il faudra vous présenter à la préfecture	en attendant que	**e.** nos services vous délivrent une carte.
6. Votre visa est valable	chaque fois que	**f.** la fin de l'année.
7. Un étranger qui circule sans papiers risque d'être arrêté	avant de	**g.** on vous appelle.

1

Lisez l'article nécrologique suivant. Aidez-vous des informations qu'il contient pour construire, sur une feuille séparée, une biographie du personnage à paraître dans un magazine. Reportez-vous p. 23 du manuel, pour le plan à suivre.

RENÉ DESMAISON

Avec à son palmarès un millier d'ascensions à travers le monde, il figurait parmi les grands alpinistes français, mais il avait aussi provoqué des polémiques lors de la publication de photos d'un sauvetage dans les Drus.

Alpiniste phare des années 1960 et 1970, René Desmaison est mort vendredi 28 septembre à l'hôpital de la Timone, à Marseille. Il était âgé de 77 ans. Ses grandes ascensions hivernales et ses aventures dans les Andes ont tenu en haleine le public français.

Dur au mal, René Desmaison avait le don de faire partager ses batailles dans les parois : un alpinisme de combat, de tempête et de lenteur, où les pierres sifflent aux oreilles et les mains se raidissent de gel, où les bivouacs sans sommeil s'achèvent sur des jours blafards, avec l'espoir que tout ça s'arrête enfin. Son caractère était rude, ses relations avec ses contemporains s'en ressentirent souvent. Il avait écrit plusieurs livres dont les titres claquaient comme une capuche un jour de tempête : *La Montagne à mains nues, Professionnel du vide...*

Pour plusieurs générations d'alpinistes, bon nombre de ses 114 premières restent des références du haut niveau.

C'est en août 1966, lors du sauvetage des Drus, que le grand public avait découvert cet homme que les photos montraient décoiffé, la barbe de quelques jours couverte de givre. Guide, René Desmaison s'était porté au secours de deux alpinistes allemands bloqués dans la face ouest de cette montagne du massif du Mont-Blanc. Avec quelques grimpeurs francs-tireurs, dont l'Américain Gary Hemming, Desmaison était arrivé auprès des naufragés avant les secours officiels et les avait redescendus sains et saufs dans la vallée. Hemming avait été accueilli en héros, et Desmaison exclu de la Compagnie des guides de Chamonix pour avoir vendu les photos du sauvetage à *Paris Match*.

Deux ans plus tard, un mémorable direct radiophonique avait fait de lui le porte-voix de l'alpinisme en France : en janvier 1968, il avait passé neuf jours entiers dans la face nord des Grandes Jorasses avec deux radios de 3 kilos pour raconter son ascension matin et soir aux millions d'auditeurs de RTL. «*De quoi se compose votre petit déjeuner ?*», demandait le reporter après une nuit de tempête. «*De l'eau froide avec de l'eau froide*», répondait l'alpiniste, agacé.

L'année 1971 a marqué la douloureuse apothéose de cette exposition médiatique. René Desmaison est retourné en hiver dans la face nord des Grandes Jorasses, pour ouvrir une directissime avec un aspirant guide aux cheveux longs et blonds, Serge Gousseault. Entre les épisodes de mauvais temps, les deux hommes ont progressé par sauts de puce, de plus en plus lents. Le 22 février, au douzième jour, ils n'étaient plus qu'à

80 mètres du haut de la paroi, mais Gousseault n'a pas pu continuer. Il est mort d'épuisement. Pendant trois jours, Desmaison est resté suspendu à un piton, s'appuyant sur le corps gelé de son compagnon. Alors que les guides de Chamonix jugeaient le secours impossible, il a été sauvé *in extremis* par l'exploit d'un pilote d'hélicoptère, Alain Frébault.

Desmaison a publié en 1973 le récit de ce drame : *342 heures dans les Grandes Jorasses*. Trente-deux ans plus tard, dans son autobiographie (*Les Forces de la montagne*, éd. Hoebeke), il laissait entrevoir que cette blessure n'était pas cicatrisée. En racontant son enfance dans le Périgord, il donnait aussi quelques indices sur ce qui avait forgé son caractère : l'admiration et la crainte pour un père aux violentes colères, blessé au crâne en 1917, dont il gardait le livret militaire ; l'amour pour une mère emportée par le cancer juste après la mort de sa sœur aînée, alors qu'il avait 15 ans... et puis les 400 coups : coup de pied dans le tibia de l'instituteur, coup de lime sur le prof au lycée professionnel, coups de poing rageurs sur les rings de boxe. Enfin, après des premières armes en varappe à Fontainebleau, la montagne découverte lors du service militaire chez les chasseurs alpins.

René Desmaison avait quatre enfants. Depuis deux ans, il vivait en solitaire dans le Vercors, au col de Cabres. Malgré le cancer dont il se savait atteint, il continuait à faire du VTT, à escalader, à skier et à se perdre en montagne en suivant des sentes à sangliers. Son dernier bonheur aura été sa réintégration dans la Compagnie des guides de Chamonix, il y a deux ans.

Ses cendres seront dispersées dans le massif du Dévoluy, qu'il appelait «*son île*».

Charlie Buffet, *Le Monde*, 30/09/07.

14 avril 1930 : Naissance en Périgord

1963 : Ascension hivernale de la face nord des Grandes Jorasses

1973 : L'éperon Walker

28 septembre 2007 : Mort à Marseille

2

Dans une vie antérieure, vous étiez célèbre et votre nom figure à présent dans le dictionnaire. Sur une feuille séparée, rédigez le texte biographique que l'on peut y lire.

Les informations suivantes doivent figurer :
– nom ;
– date/lieu de naissance, date/lieu du décès ;
– domaine de spécialité ;
– chronologie des faits marquants de la vie ;
– précisions sur le profil de la personnalité ;
– synthèse résumant pourquoi la personne est passée à la postérité.

3

Lisez la question posée par un couple d'immigrés italiens sur l'obtention de la nationalité belge envoyée aux services diplomatiques de Belgique, puis prenez connaissance de la législation à ce sujet afin d'apporter, sur une feuille séparée, une réponse précise à ce cas.

> Nous sommes un couple d'immigrés italiens, nous avons tous deux la nationalité italienne, nous résidons et travaillons en Belgique depuis douze ans.
> Nous voudrions savoir si notre fils de trois mois qui est né à Bruxelles reçoit, de ce fait, automatiquement la nationalité belge.

Vous êtes belge si :

- Vous êtes né en Belgique et êtes apatride (c'est-à-dire vous n'avez pas de nationalité) au moment de votre naissance ;
  OU
- Vous êtes né en Belgique et vous perdez votre unique autre nationalité avant vos dix-huit ans ;
  OU
- Vous êtes né en Belgique d'un parent étranger qui est né en Belgique et si votre parent a résidé au moins cinq ans en Belgique dans la période de dix ans qui précède votre naissance ;
  OU
- Vous êtes né en Belgique et vous avez été adopté par un étranger né en Belgique qui y a eu sa résidence principale pendant cinq ans durant les dix années précédant la date à laquelle l'adoption sort ses effets. Vous devenez belge ce jour-là, à moins que vous n'ayez déjà dix-huit ans ce jour-là ou soyez déjà émancipé ;
  OU
- Vous êtes né en Belgique de parents ou adoptants étrangers nés à l'étranger, à condition qu'ils fassent, avant votre douzième anniversaire, une déclaration demandant que la nationalité belge vous soit attribuée. Ils doivent avoir eu leur résidence principale en Belgique pendant les dix années qui précèdent la déclaration et vous devez résider en Belgique depuis votre naissance. Seul l'officier d'état civil de la commune de vos parents ou adoptants en Belgique peut acter cette déclaration. La déclaration ne peut jamais être actée dans une ambassade ou un consulat belge. Vous devenez belge à la date de la déclaration.

La vie au quotidien

1
LEXIQUE

Associez les éléments des deux colonnes. (Plusieurs combinaisons sont possibles.)

Le médecin...

1.	fait	**a.**	le malade
2.	prend	**b.**	un médicament
3.	manipule	**c.**	le pouls
4.	examine	**d.**	une ordonnance
5.	conseille	**e.**	la posologie
6.	prescrit	**f.**	la température
7.	rédige	**g.**	la gorge
8.	ausculte	**h.**	la tension
9.	précise	**i.**	les oreilles
10.	signe	**j.**	un arrêt de travail

2
LEXIQUE

Complétez cette définition de l'automédication avec les mots suivants.

diagnostic – médicaments – dose – traitement – ordonnance – malade – médecin – posologie – patient – prescription

AUTOMÉDICATION. – Dans son sens strict, le terme « automédication », signifie utiliser des .... sans .... Dans ce cas, le .... fait lui-même le .... de sa maladie et établit lui-même la ...., choisissant son médicament et sa .... Mais l'automédication concerne aussi, dans un sens plus large, le fait, pour un ...., de modifier la prescription établie par le .... soit dans la ...., soit dans la durée d'administration, soit encore en ajoutant ou en retirant un ou plusieurs médicaments au .... codifié sur l'ordonnance.

3
S'EXPRIMER (ÉCRIT)

Décrivez les problèmes de santé que l'on peut rencontrer dans les situations suivantes.

1. après avoir bu un litre d'alcool : ....
....

2. après une journée entière passée à la plage en plein soleil et sans protection : ....
....

3. au cours d'une traversée en mer un jour de tempête : ....
....

4. à la suite d'un brusque licenciement : ....
....

4

a) Lisez ce passage de *Phèdre* de Racine et identifiez les manifestations (physiques et psychiques) de la passion amoureuse.

PHÈDRE

Mon mal vient de plus loin. À peine au fils d'Égée

Sous les lois de l'hymen je m'étais engagée,

Mon repos, mon bonheur semblait être affermi ;

Athènes me montra mon superbe ennemi.

Je le vis, je rougis, je pâlis à sa vue ;

Un trouble s'éleva dans mon âme éperdue ;

Mes yeux ne voyaient plus, je ne pouvais parler ;

Je sentis tout mon corps et transir et brûler :

Je reconnus Vénus et ses feux redoutables,

D'un sang qu'elle poursuit tourments inévitables.

Par des vœux assidus je crus les détourner :

Je lui bâtis un temple, et pris soin de l'orner.

De victimes moi-même à toute heure entourée,

Je cherchais dans leurs flancs ma raison égarée.

D'un incurable amour remèdes impuissants !

En vain sur les autels ma main brûlait l'encens :

Quand ma bouche implorait le nom de la Déesse,

J'adorais Hippolyte ; et le voyant sans cesse,

Même au pied des autels que je faisais fumer,

J'offrais tout à ce dieu que je n'osais nommer.

Je l'évitais partout. Ô comble de misère !

Mes yeux le retrouvaient dans les traits de son père.

Racine, *Phèdre.*

b) Imaginez. Phèdre, l'héroïne, consulte un médecin pour son problème et lui explique ses symptômes. Jouez la scène à deux.

5

Lisez l'annonce ci-dessous, puis jouez la scène à deux.

Vous ne vous sentez pas bien en ce moment ?
Vous-même (ou un de vos proches) avez de petits problèmes de santé ?

Appelez le numéro vert **Allô, docteur, bobo** :
08 33 33 33 33 (0,33 centime la minute).

Un étudiant en dernière année de médecine est au bout du fil pour des conseils de santé.

• Le malade :
– décrit ses symptômes et manifestations ;
– donne des précisions sur le contexte et les circonstances d'apparition du problème.
• L'étudiant en médecine :
– demande des précisions complémentaires ;
– fait le diagnostic ;
– prescrit un médicament et précise la posologie ;
– en cas de doute, suggère d'aller consulter le médecin traitant.

DES MOTS ET DES FORMES

1

Complétez le texte de la chanson avec des noms d'organes ou de parties du corps.

Depuis que je suis sur la terre [...]

C'n'est pas rigolo. Entre nous,

Je suis d'une santé précaire,

Et je m'fais un mauvais sang fou,

J'ai beau vouloir me remonter

Je souffre de tous les côtés.

J'ai la ....

Qui s'dilate

J'ai le ....

Qu'est pas droit

J'ai le ....

Qui se rentre

L'......................................

Bien trop bas

Et les ....

Bien trop hautes

J'ai les ....

Qui s'démanchent

L' ....

Qui s'démène

J'ai le ....

Qui s'désaxe

La ....

Qui s'débine

Les ....

Qui se frôlent

J'ai les ....

Bien trop fins

J'ai le ....

Tout en vrille

Ah! bon Dieu! qu'c'est embêtant

D'être toujours patraque,

Ah! bon Dieu! qu'c'est embêtant

Je n'suis pas bien portant

D'après Géo Koger, « Je n'suis pas bien portant », Maeva Music, 1932.

2

Reformulez les éléments soulignés, utilisez des expressions imagées contenant des noms de parties du corps.

Exemple : On ne peut rien lui dire, il est très énervé !
➜ *On ne peut rien lui dire, il a les nerfs à fleur de peau.*

1. Elle n'a rien fait pour le retenir et maintenant <u>elle le regrette amèrement</u>.

....

2. Ça fait une semaine que je le leur répète mais <u>ils ne veulent rien entendre</u> !

....

3. <u>Quelle intuition il a eue</u>, il avait révisé la veille le sujet qui est sorti à l'examen.

....

4. Tu peux pas faire plus simple, je trouve que <u>tu te compliques bien la vie</u> !

....

5. Comment elle s'appelait cette fille déjà, <u>attends, ça va me revenir</u>.

....

6. Je n'avais pas assez d'argent pour réaliser mon projet mais heureusement <u>mon banquier m'a aidée</u>.

....

3

Expliquez ce que fait le personnage.

Il se frotte 1. .... 2. .... 3. .... 4. .... 5. ....

les mains. ....

4

Réagissez à ces titres de presse en exprimant différents sentiments. Utilisez les expressions de l'activité 5, p. 31 du manuel.

Exemple : Paris Hilton élue femme de l'année. ➔ *Cela me laisse totalement indifférent(e).*

1. **Un serpent de 4 m de long capturé en pleine ville**

3. **Le coureur Christophe Marceau, accusé de dopage, est contraint à l'abandon.**

5. **Un bébé de trois jours** trouvé abandonné dans une poubelle

2. **Le ministre de la Santé** fait part publiquement de **son homosexualité**.

4. **Le président de la République inaugure un dispensaire pour animaux âgés.**

6. *Football :* LA FRANCE SÉLECTIONNÉE POUR LA FINALE DE LA COUPE DU MONDE

1. ....
2. ....
3. ....
4. ....
5. ....
6. ....

5

De ou que ? Reformulez en respectant l'amorce.

Exemple : Dormir en plein cours, c'est inadmissible... ➔ *C'est inadmissible de dormir en plein cours.*
Il se met tout le temps les doigts dans le nez, c'est choquant... ➔ *C'est choquant qu'il se mette tout le temps les doigts dans le nez.*

1. Il fait la sourde oreille quand je lui parle, c'est incroyable !

➔ C'est incroyable ....

2. Se sentir entouré, c'est réconfortant !

➔ C'est réconfortant ....

3. Il lui a enfin avoué qu'il l'aimait, c'est formidable !

➔ C'est formidable ....

4. Certains patients se font prescrire des médicaments pour les revendre ensuite, c'est honteux !

➔ C'est honteux ....

5. Je vais mieux, je suis ravie ! ➔ Je suis ravie ....

6. Elle ne peut pas avoir d'enfant, j'en suis désolé.

➔ Je suis désolé ....

1

Lisez l'article.

Les nouveaux mâles se cherchent

par Jean-Sébastien Stehli, Natacha Czerwinski

 Bijoux, produits de beauté… Ils n'ont jamais autant pris soin de leur corps et de leur look. C'est le triomphe du **« métrosexuel »**, cet urbain branché qui s'approprie une part de féminité.

Les «métrosexuels» sont parmi nous. Impossible de regarder une publicité, d'ouvrir un magazine, voire de suivre un match de foot à la télé sans tomber nez à nez avec cette créature. Les métrosexuels sont les cousins des bobos, cette tribu qui occupe le devant de la scène depuis deux ou trois ans, empruntant à la fois aux bourgeois et aux bohèmes. Le métrosexuel, lui, est un mélange de dandy et de gay mâtiné d'une pointe de «mac». Il se pomponne, redécouvre l'art du rasage, se met des crèmes sur le visage, se fait un regard de braise grâce à quelque khôl spécialement concocté pour lui et peut parfois se mettre un peu de vernis sur les ongles. Un sarong fuchsia ou une veste mauve des couturiers italiens Dolce & Gabbana ne l'intimident pas le moins du monde, au contraire. Mais – tout est dans ce détail – il n'est pas homosexuel. Sophistiqué, attentif à lui-même et aux autres, le métrosexuel «n'a pas peur de soigner sa personne et d'apprécier les choses raffinées», explique le site Internet BeMetro.com, feuille de route du nouveau mâle.

Icônes de cette tendance : les footballeurs David Beckham ou Djibril Cissé, le rugbyman Frédéric Michalak, les membres du groupe Kyo, révélation de l'année aux dernières Victoires de la musique, Édouard Baer ou, mieux, Ariel Wizman. Même les rappeurs, qui prônent souvent des valeurs très machos, voire homophobes, s'y mettent : gros bijoux et pantalons satinés, coupes de cheveux travaillées, corps sculpté… «Ces hommes deviennent des objets, explique Christine de Panafieu, fondatrice de Cosight, un cabinet de conseil. Chez eux, le muscle n'est pas seulement un attribut fonctionnel. Il a une valeur esthétique, comme les seins chez la femme.»

Frédéric Loeb, conseiller en innovation, résume : «Aujourd'hui, les épaules du métrosexuel sont l'équivalent du décolleté chez la femme.» Le néologisme est né en 1994, sous la plume de l'écrivain britannique Mark Simpson, qui ironisait sur les effets du consumérisme et des nouveaux magazines pour hommes. Mais le mot fait le tour de la planète quand il est repris, en juin 2003, par Marian Salzman, *chief strategy officer* à l'agence de publicité Euro RSCG Worldwide, à New York. Il désigne un trentenaire urbain (d'où «métro», pour métropolitain), branché, prenant grand soin de son corps et de tout son être. Depuis, on a vu fleurir un tas d'autres termes : hétéroflexibles, pomosexuels (comprendre «postmodernes sexuels»), voire hétérofolles. Le phénomène ne devrait pas longtemps rester urbain : TF1 s'apprête en effet à adapter l'émission de téléréalité américaine *Queer Eye For a Straight Guy*, dans laquelle un groupe d'homosexuels

prend en main un hétéro et se charge de le transformer en métrosexuel, le relookant et modifiant jusqu'à son appartement. L'apparition de cette tendance tient pour une grande part à l'élévation du niveau de vie, même si l'on peut dire qu'au XVIIIᵉ siècle des aristocrates poudrés et enrubannés ont été des métrosexuels précurseurs. «Après la Seconde Guerre mondiale, explique l'historien André Rauch, qui publiera en octobre prochain *L'Identité masculine ou la Revanche des femmes au XXᵉ siècle* (Hachette), la bourgeoisie a pris l'habitude de se soigner, d'aller plus souvent chez le coiffeur. Cela restait limité aux classes aisées. Aujourd'hui, la consommation est soutenue par une vaste gamme de produits.» Désormais, 80 % des gens ont les moyens de s'offrir ce luxe. Et ils ne s'en privent pas. Les mâles ont dépensé 50 millions d'euros en produits de beauté en 2002.

Certains bouleversements sociaux ont aussi préparé l'avènement de cet homme nouveau. «Dans notre société, il y a une survalorisation du plaisir, affirme André Rauch. Nos grands-parents pensaient qu'il y avait une vie après la mort. Aujourd'hui, cette idée est relativement absente.» S'il n'y a pas d'au-delà, autant avoir du plaisir ici-bas. Le métrosexuel est aussi l'un des symboles visibles de la disparition de la figure emblématique du père et de la fameuse crise de l'identité masculine. «Les métrosexuels sont la partie émergée de l'iceberg», note Valérie Colin-Simard, dont l'ouvrage *Nos hommes à nu* (Plon) est consacré au décryptage des bouleversements du (de l'ex- ?) sexe fort. Quand on n'a plus besoin de lui pour représenter l'autorité, le père peut s'épiler ou porter des bijoux. Surtout qu'il n'est plus le chef de famille. Au sein du couple, les rôles se sont équilibrés, les femmes se sont approprié ce qui, pendant des générations, relevait du rôle traditionnel de l'homme : elles travaillent, sont chefs d'entreprise, gagnent parfois plus que leur conjoint (pour 5 % d'entre elles), décident quand elles veulent des enfants. Bref, dans les pays occidentaux, elles peuvent vivre sans les hommes. Alors, ceux-ci s'approprient cette part de féminité qu'elles ont laissé tomber. «Il y a en ce moment une sorte de recomposition, affirme la sociologue Christine Castelain-Meunier [*La Place des hommes et les métamorphoses de la famille*, PUF]. Les hommes sont en train de se remettre du coup de grisou engendré par le féminisme et de se réapproprier leur identité.»

L'Express, 08/03/04.

COMPRENDRE

a) Vous répondez à Manon, sur une feuille séparée, après avoir lu l'article ci-contre. Vous donnerez les précisions suivantes.

Métrosexuel :
– définition;
– comportement/attitudes;
– interprétation du phénomène.

> Salut
>
> J'ai un exposé à faire sur l'homme d'aujourd'hui et je voudrais en savoir plus sur ce qu'on entend par métrosexuel, peux-tu m'aider?
>
> Merci d'avance,
>
> Manon

S'EXPRIMER (ÉCRIT)

b) Vous êtes lecteur du magazine *L'Express* et vous écrivez, sur une feuille séparée, au courrier des lecteurs pour donner votre point de vue sur les métrosexuels après lecture de l'article.

2

S'EXPRIMER (ÉCRIT)

Lisez le titre et le chapeau d'un article paru dans la presse puis écrivez au journal, sur une feuille séparée, pour répondre et réagir à la problématique soulevée.

Un enfant...
mais pas **à tout prix**

Une tentative d'assistance médicale à la procréation (AMP) coûte entre 3 500 et 5 000 euros. «Demandons-nous collectivement, interroge une spécialiste, si c'est le rôle de la société de payer pour les demandes qui relèvent davantage de la convenance personnelle que de la maladie.»

1

Cochez les bonnes réponses.

1. Il s'agit d'une approbation.
☐ **a.** Je vous suis sur toute la ligne.
☐ **b.** Nos points de vue sont convergents.
☐ **c.** J'accepte votre proposition.
☐ **d.** J'adhère pleinement à ce que vous dites.

2. Il s'agit d'un entérinement.
☐ **a.** Ceci posé, on passe à autre chose.
☐ **b.** D'accord, on y reviendra plus tard.
☐ **c.** Puisqu'on a fait le tour de la question, on examine la suite.
☐ **d.** Plus rien à dire à ce sujet, alors on continue.

3. Il s'agit d'un refus.
☐ **a.** C'est hors de question.
☐ **b.** La question n'est pas là.
☐ **c.** Il n'en est pas question.
☐ **d.** Ça ne me dit rien.

4. Il s'agit d'une confirmation.
☐ **a.** 8 heures, ça me convient.
☐ **b.** À 8 heures, oui, c'est bien ça.
☐ **c.** Pas de problème, à 8 heures comme convenu.
☐ **d.** On ne change rien, c'est toujours à 8 heures.

5. Il s'agit d'une ratification.
☐ **a.** La loi est entrée en vigueur le 1er du mois.
☐ **b.** Les députés ont débattu sur la réforme de la Sécurité sociale.
☐ **c.** Le président a été élu à une large majorité.
☐ **d.** La proposition de loi a été adoptée après amendement.

6. Il s'agit d'un consentement.
☐ **a.** Je te donne carte blanche.
☐ **b.** Je t'approuve totalement.
☐ **c.** Je te fais entièrement confiance.
☐ **d.** Tes désirs sont des ordres.

2

a) Lisez le cas de Julie. Complétez les réponses envoyées par trois autres lectrices à l'aide des expressions suivantes.

je pense – il est inadmissible – je suis convaincue – je trouve – je suis certaine – il est certain – je ne comprends pas – j'estime – je ne crois pas

Entre Nous

Les lectrices de *Elle* ont la parole.

Je suis mariée depuis six mois avec un homme adorable mais ma belle-mère critique systématiquement ce que je fais : cuisine, ménage, etc. Je n'ose pas lui dire que je suis libre de faire ce que bon me semble chez moi.

Julie (Carcassonne)

⇨ .... que dire ses quatre vérités à la mère de son mari, n'est pas chose facile mais .... que quelqu'un vienne contrôler vos faits et gestes, ... donc que le mieux est d'en parler avec votre mari pour trouver ensemble la meilleure stratégie à adopter.

Léa (Nice)

⇨ *Ça ne fait que six mois que vous êtes mariée et moi, ... normal que votre belle-mère veuille encore protéger son fils de l'« étrangère » que vous êtes encore pour elle. Cependant, ... qu'au fil du temps les choses vont s'arranger et .... que si vous faites preuve de diplomatie, tout ira mieux dans quelque temps.*

Corinne (Reims)

➡ .... qu'il faut mettre fin à la dictature des belles-mères.

.... qu'on puisse souffrir à cause d'une femme au comportement égoïste.

Il faut mettre les choses au point avec elle et arrêter de se faire marcher sur les pieds !

.... qu'attendre en laissant les choses s'aggraver soit la bonne solution,

bien au contraire.

Rachida (Paris)

S'EXPRIMER (ÉCRIT)

b) À votre tour, répondez en quelques lignes à Julie.

....

....

....

3

GRAMMAIRE

a) Complétez les réponses d'internautes. Mettez les verbes entre parenthèses à l'indicatif ou au subjonctif.

Familles recomposées : atout ou handicap ?

➤ Croyez-vous qu'il (être) .... évident pour des enfants qui ont un passé différent

de coexister alors qu'ils (ne pas l'avoir choisi) .... ?

➤ Moi, je ne comprends même pas qu'on (pouvoir) .... poser la question ! Je suis

absolument convaincu que l'élargissement de la tribu (être) .... une source

d'enrichissement pour les enfants.

➤ Pour ma part, je trouve très stimulant que des enfants (faire) .... l'expérience de la

famille recomposée.

➤ J'appartiens à une famille recomposée et je vous assure que ça (ne pas avoir été) ....

simple à vivre pour moi. Je continue de penser qu'il aurait été préférable que mes parents (ne pas avoir

divorcé) ....

S'EXPRIMER (ÉCRIT)

b) À votre tour, prenez part au forum et réagissez en quelques lignes.

....

....

....

1

À l'aide du plan fourni ainsi que des documents sélectionnés, faites un exposé devant la classe sur le thème retenu.

EXPOSÉ : L'HYGIÈNE EN FRANCE À TRAVERS LES SIÈCLES

Annonce du thème + finalité... montrer l'évolution de la notion de propreté

Annonce du plan puis développement :

1. Propreté en lien direct avec perception positive ou négative qu'on a de l'eau (illustrer si possible par un ou plusieurs documents iconographiques) et introduire données statistiques pour illustrer évolution rapide de l'hygiène au XXᵉ siècle.
2. Le rapport aux odeurs corporelles
3. L'hygiène au niveau de la ville (bref historique)

Conclusion/Synthèse : Faire un parallèle entre rapport au corps et rapport à l'hygiène + terminer en évoquant la tendance actuelle

> Selon les époques, la notion de propreté est perçue tour à tour comme un vice ou une vertu. Au cœur du débat, nous retrouvons un élément essentiel : l'eau.
>
> www.mollat.com

Durant l'Antiquité, l'eau est sacralisée et, dans l'Église primitive, se laver entièrement est signe de purification de l'âme. Puis sous l'Ancien Régime, l'eau suscite la méfiance. C'est en effet à cette époque que se développe la théorie des humeurs, selon laquelle l'immersion du corps dans l'eau est perçue comme un facteur de déséquilibre physiologique. Par conséquent, l'usage des étuves, sorte de bains publics, est considéré comme propagateur d'épidémies et comme source de désordres moraux en raison de la promiscuité des corps. La crasse devient un facteur de conservation, elle protège.

Se développe alors la « toilette sèche », qui est plus symbolique qu'autre chose. L'apparence prime sur la propreté réelle des corps.

Ce royaume de l'apparat mène également à d'autres pratiques, notamment l'usage du maillot de corps, qui contrairement à la peau et aux vêtements, est lavé régulièrement.

Les seules parties du corps nettoyées régulièrement, du Moyen Âge jusqu'au XVIIIᵉ siècle, sont les mains et le visage, surtout pour répondre aux codes de bonne conduite.

Sous Louis XVI, les gestes de l'hygiène corporelle commencent à s'effectuer dans des pièces spécifiques, à l'abri des regards. Lieux d'aisances et bidets font leur apparition. L'eau commence lentement à être acceptée.

www.mollat.com

> *Notre conception de l'hygiène est en constante évolution. Ces dernières années sont par exemple marquées par l'explosion des produits cosmétiques en tout genre et l'arrivée sur le marché de toute une gamme de produits pour les hommes, alors que le XIXᵉ siècle soulignait un retour au naturel.*
>
> *L'homme ne cesse de modifier son rapport au corps, les codes changent, et par conséquent, le rapport à l'hygiène. Se baigner, se laver, se nettoyer, se sécher, se maquiller, autant d'actes dont le sens change selon les périodes...*
>
> www.mollat.com

Pierre Bonnard (1867-1947), *Le Miroir*, 1908.

En ce qui concerne l'hygiène à l'échelle urbaine, la notion de propreté se situe à la croisée d'un besoin privé et d'une politique publique. Jusqu'au XVIIIe, la rue sert de latrines publiques. La population urine et jette ses ordures dehors, contribuant à la prolifération des épidémies. La construction de trottoirs et la modernisation des égouts ne sont effectives qu'à partir du XVIIIe siècle avec la fondation du Conseil d'hygiène et de salubrité, contrôlant la voirie, les marchés et logements. L'eau est de plus en plus utilisée pour nettoyer les rues. Le XXe siècle finalise le réseau d'égouts ainsi que la mise en place du tout-à-l'égout et voit également la construction de 8 000 stations d'épuration.

www.mollat.com

Aujourd'hui, les progrès de l'hygiène s'expliquent par la transformation de la relation au corps. Ils sont aussi la conséquence de l'accroissement des pressions sociales, professionnelles ou médiatiques. La propreté a été aussi favorisée par l'amélioration du confort sanitaire des logements ; la quasi-totalité disposent à présent d'une baignoire ou d'une douche : 95 %, contre 70 % en 1975, 48 % en 1968, 29 % en 1962.

Gérard Mermet, *Francoscopie*, Larousse, 2007.

Un point important de l'histoire de l'hygiène est celui des odeurs. Elles sont acceptées, tolérées jusqu'au XVIIe siècle, puis de nombreuses mesures sont prises, que ce soit à l'échelle de la ville ou des individus. On ne cherche pas à supprimer les odeurs corporelles, mais on les couvre avec des parfums très forts. Le parfum est pourtant apparu au Moyen Âge, mais son essor ne se fait qu'au XVIIe siècle. Visages, mains, bouches sont nettoyés à l'eau parfumée.

www.mollat.com

Décaméron (XIVe siècle).

Gravure de Gaillard d'après Boucher, *La Marchande de mode*, XVIIIe siècle.

La vie au quotidien

1

Complétez cet extrait du magazine *Bien chez soi* avec les mots suivants.

débit – baignoire – évier – repas – eaux – évacuation – cuisson – équipement – odeurs

État des lieux. **Propriétaires, vous avez des normes à respecter.**

Le logement doit disposer :

– d'une installation d'alimentation en eau potable avec une pression et un .... suffisants pour

l'utilisation normale des locataires, d'une installation d' .... des eaux ménagères

munie de siphons empêchant le refoulement des .... ;

– d'une cuisine ou d'un coin cuisine aménagé de manière à recevoir un appareil de ....

et comprenant un .... raccordé à une installation d'alimentation en eau chaude et en eau froide

et à une installation d'évacuation des .... usées ;

– d'un .... pour la toilette corporelle aménagé de manière à garantir l'intimité personnelle ;

il doit être équipé d'une .... ou d'une douche ;

– d'un W-C séparé de la cuisine et de la pièce où sont pris les ....

2

a) Reconstituez la lettre de réclamation à l'aide des éléments donnés dans le désordre.

b) Rédigez la réponse de l'agence sur une feuille séparée. Pour vous aider, reportez-vous au *Point info*, p. 42 du manuel.

a. Je m'adresse donc à vous pour m'éclairer sur les démarches à suivre pour débloquer la situation.

b. Agence Immocentre
160, av. Jean-Jaurès
92110 Clichy

c. Ce que j'ai fait aussitôt, mais celle-ci exige de ma part que je fournisse un état des lieux, or aucun constat de ce genre n'a été établi au moment de mon installation par mon propriétaire et par moi-même.

d. Objet : dégâts des eaux.

e. J'ai signalé ce dommage à mon propriétaire qui m'a dit de contacter ma compagnie d'assurances.

f. Gaspard Salmon
2, passage Paillé
92110 Clichy

g. Je souhaite cependant que les réparations soient faites rapidement.

h. Clichy, le 3 janvier 2008

i. Je tiens à vous informer qu'à la suite des fortes intempéries survenues la semaine dernière, des infiltrations d'eau sont apparues au plafond de mon appartement situé au dernier étage.

j. Espérant une réponse rapide de votre part, je vous prie de recevoir, Madame, Monsieur, mes salutations distinguées.

k. Madame, Monsieur

l. Installé depuis trois mois au 2, passage Paillé dans l'appartement que m'a loué M. Erikson,

1.

2.

3.

4. ....

5. ....

6. ....

....

7. ....

....

8. ....

....

9. ....

....

10. ....

....

11. ....

....

12. ....

....

G. Salmon

1

Lisez ce poème de Georges Perec qui expose le scénario d'un déménagement. Travaillez sur une feuille séparée.

Déménager

Quitter un appartement. Vider les lieux. Décamper.
Faire place nette. Débarrasser le plancher.
Inventorier ranger classer trier
Éliminer jeter fourguer
Casser
Brûler
Descendre desceller déclouer décoller dévisser décrocher
Débrancher détacher couper tirer démonter plier couper
Rouler
Empaqueter emballer sangler nouer empiler rassembler
entasser ficeler envelopper protéger recouvrir entourer
serrer
Enlever porter soulever
Balayer
Fermer
Partir

Georges Perec, *Espèces d'espaces*, Galilée, 1974/2000.

a) Faites le même récit dans une forme développée en utilisant un maximum de verbes figurant dans le poème.

Exemple : Je viens de quitter l'appartement que je louais depuis dix ans. En effet, mon propriétaire veut le mettre en vente et, comme je n'ai pas les moyens de l'acheter, j'ai dû vider les lieux. J'ai commencé par inventorier tout ce que je voulais emporter...

b) Poursuivez le récit en racontant votre emménagement dans votre nouveau lieu de vie.

c) Expliquez les rénovations que votre nouveau propriétaire avait fait réaliser avant votre entrée dans les lieux.

Exemple : Et quelle chance j'ai eue ! Mon propriétaire avait complètement rénové l'appartement avant que je m'installe.

2

Lisez le document suivant pour prendre connaissance du règlement du concours.
Complétez les deux textes envoyés par des concurrents correspondant aux deux portes. Utilisez les relatifs qui conviennent.

Concours :
« Qu'y a-t-il derrière la porte ? »
organisé par le magazine **Décorama**

À vous d'imaginer le décor qui se cache derrière les deux portes.
Le gagnant sera celui qui se rapprochera le plus possible de la description déposée chez maître Alain, huissier à Paris.

1. Une fois passé le seuil de la porte, je découvre une vaste pièce .... vient illuminer un feu de bois. Au centre, j'aperçois une grande table .... sont déposés de façon éparse, livres, fleurs et vaisselle. J'entends le crépitement sec des bûches .... se consument lentement. Devant la cheminée, il y a un large fauteuil de cuir .... somnole un chat.

2. Il s'agit ici d'une porte .... ouvre sur le futur. La cuisine .... tout le monde rêve est un vrai laboratoire .... se réalise l'alchimie des mets : un plan de travail télescopique .... on peut éplucher et couper les légumes, un four à chaleur tournante grâce .... vous réussirez tous vos plats et le tout éclairé par des spots .... l'intensité lumineuse se règle à volonté.

3

Lisez le programme municipal suivant et donnez, sur une feuille séparée, les mêmes informations dans une forme rédigée. Utilisez la forme passive.

Exemple : Modernisation de toutes les HLM de plus de trente ans. ➜ *Toutes les HLM de plus de trente ans ont été modernisées.*

Actions de la section **Logement et Environnement**

 Réalisations

Modernisation de toutes les HLM de plus de trente ans ;
Mise aux normes de tous les ascenseurs ;
Ravalement des façades ;
Aménagement des espaces verts environnants.

 Projets

Réfection des trottoirs en centre-ville ;
Construction d'un parking place de la mairie ;
Mise en service de nouvelles poubelles pour le tri des déchets.

4

Reformulez les informations suivantes en utilisant des verbes pronominaux de sens passif.

Exemple : Transformation rapide des modes de vie. ➜ *Les modes de vie se transforment rapidement.*

Sommaire

1. Développement spectaculaire des magasins de bricolage. **10**

2. Multiplication des maisons individuelles durant la dernière décennie. **13**

3. Emploi grandissant de matériaux écologiques pour la construction. **16**

4. Vente record de modèles de maisons modulables. **20**

5. Création de nouveaux espaces de vie. **23**

1. ....

2. ....

3. ....

4. ....

5. ....

5

Complétez les répliques en utilisant les verbes pronominaux de sens passif suivants.

se faire – se laisser – se voir – s'entendre

Exemple : – C'est toi qui as repeint ton appart tout seul ?
➜ *– Non, je me suis fait aider par un ami.*

1. – Alors, tes parents ont fini par l'acheter cet appartement ?

– Oui, ils .... convaincre.

2. – Tu as parlé de notre projet ?

– Oui, et je .... dire que les tours n'étaient plus à la mode.

3. – Figure-toi que je viens de .... insulter par mes voisins !

– Pas possible !

4. – Pourquoi es-tu si furieux contre ton propriétaire ?

– Je .... imposer une augmentation de 10 % de mon loyer !

1

Lisez l'article suivant sur l'architecte français Jean Nouvel et complétez le tableau.

Jean Nouvel,
architecte à **contretemps**

L'architecte français Jean Nouvel n'est en rien un être conflictuel. Et pourtant, toutes ces dernières années, ses réalisations n'ont cessé de provoquer débats et polémiques. En Espagne notamment, certains détracteurs l'ont accusé de ne pas s'inscrire dans la durée, en construisant des bâtiments incapables de résister au temps qui passe, pire, des édifices qui s'adossent à d'antiques édifices presque sacrés.

Ainsi à Madrid, le Musée National Reina Sofia s'est vu doté d'une aile de verre et d'acier conçue par Jean Nouvel, dont le dessin avait été choisi à l'issue d'un concours international en 1999.

Haut et fort, on avait fait grief à l'architecte de n'avoir pas su garder ses distances avec le bâtiment voisin, un édifice de 1788 bâti à la demande de Charles III par Francisco Sabatini. Une autre réalisation de Jean Nouvel, la tour AGBAR (siège de la compagnie des eaux du même nom), a suscité polémique et réactions pendant longtemps ; qualifiée de «pénis», d'«obus», ou encore de «suppositoire» par les Barcelonais, le gratte-ciel était devenu, lors de sa construction en mars 2001, l'objet de commentaires sarcastiques en tout genre. Pourtant, avec ses 142 mètres, et ses 32 étages, l'édifice n'est pas le plus élevé de la ville. Mais il est situé au cœur du centre des affaires de la capitale catalane, et sa structure ovale en béton saute aux yeux, avec les 60 000 plaques d'aluminium qui la recouvrent ! Cette réalisation de Jean Nouvel surprend : elle survient après deux décennies où les tours, considérées comme démodées et inhumaines, ont été bannies de la vieille Europe. Partout, les fameuses «barres» de plus de 30 étages construites dans les années 70 ont été pour quelques-unes détruites, et leur destruction montrée en exemple. Constructions hâtives, elles n'étaient que les filles d'une modernité éphémère.

Dans ce contexte, la tour AGBAR, de Jean Nouvel, est montrée du doigt il y a 6 ans : l'architecte ne passe-t-il pas alors pour un homme qui construit à contretemps, sans tenir compte de l'air du temps ? Aujourd'hui la tour fait l'unanimité quant à son originalité, et ses plaques de métal la font briller de mille feux sous le soleil catalan. Mais le temps aura-t-il raison d'elle d'ici 20 à 30 ans ?

Le Musée du Quai Branly à Paris, Jean Nouvel a voulu l'inscrire dans la durée. Le projet cette fois-ci est moins agressif que la tour catalane. Pourtant il suscite maintes réactions. Tout d'abord parce que, pour ce musée des arts premiers, Jean Nouvel s'est heurté au syndrome du village gaulois très franco-français : l'hostilité du voisinage, un voisinage huppé dans ce quartier de Paris. Pour couper court à la polémique, l'architecte français a eu l'habileté de revoir son projet à la baisse. Le plan d'occupation des sols permettait la construction de 80 000 m², il n'en a bâti que la moitié dont une partie sous terre. Le jardin, lui, est deux fois plus grand que prévu ; Jean Nouvel a imposé au paysagiste Gilles Clément de planter de nombreux arbres, en particulier un chêne de 50 ans dont le prix (10 000 euros) provoquera une petite vague médiatique vite réprimée.

M.-P. Valli, supplément *Le Figaro Magazine*, mai-juin 2007.

Quelles réalisations architecturales ?	Où ?	Critiques suscitées/ Oppositions rencontrées
....	....	....
....	....	....
....	....	....
....	....	....
....	....	....
....	....	....
....	....	....
....	....	....
....	....	....
....	....	....
....	....	....

2

S'EXPRIMER (ÉCRIT)

Vous participez à un forum de discussion.

> FORUM

Thème du jour : Pour ou contre la tour Agbar de Barcelone conçue par Jean Nouvel ?

Vous

....
....
....
....
....
....
....
....
....
....
....
....
....
....

DES MOTS ET DES FORMES

1

LEXIQUE

Trouvez le mot composé correspondant à chaque définition.

Exemple : Objet sur lequel on suspend les serviettes.
➜ *un porte-serviettes*

1. Partie supérieure d'une lampe : ....

2. Sert à ouvrir les boîtes : ....

3. La même couleur que le ciel : ....

4. Au niveau de la rue : ....

5. Ancêtre du réfrigérateur : ....

6. En frites ou en purée : ....

7. Là où se consume le parfum : ....

8. L'argent y est en sécurité : ....

9. Sert à déboucher les bouteilles : ....

10. De la famille des choux : ....

11. Couchage d'appoint : ....

12. On essore la salade dedans : ....

2

LEXIQUE

À la suite d'une erreur de saisie, les éléments des noms composés soulignés ont été déplacés.
Retrouvez les formes correctes.

Jonathan – notre eau à claques (.................................) à tous – m'avait convié dans son pot-à-terre (.................................)
parisien. Je me souviens encore très bien de ce premier croûte-à-tête (.................................) avec lui. Pour le dîner, je
m'attendais à un frugal casse-midi (.................................), en fait il avait préparé lui-même un délicieux pied-au-feu
(.................................) qui avait mijoté une bonne partie de l'après-lit (.................................). Après le dîner, confortable-
ment installé sur son canapé-tête (.................................), nous avons longuement discuté tout en dégustant une délicieuse
tête-de-vie (.................................).

3

GRAMMAIRE

Complétez les informations suivantes extraites de la presse régionale à l'aide des verbes suivants.
Conjuguez le verbe si nécessaire.

inciter – provoquer – imputer – découler – occasionner

Brèves de la ville

Les nuisances sonores qui sont .... aux travaux de réfection
de la chaussée, continuent de .... les plus vives réactions de la part
des riverains du centre-ville.
L'aménagement des berges débutera fin janvier ; il va en ....
une modification de la circulation. Nous .... les automobilistes
à prendre connaissance des nouveaux itinéraires. La municipalité s'excuse pour la gêne
que vont .... ces travaux.

4

Complétez les déclarations d'un apprenti cuisinier à l'aide des expressions suivantes.

sous prétexte de – à force de – suite à – faute de – grâce à

1. .... mon nouveau robot, je gagne beaucoup de temps.

2. .... une panne d'électricité, je ne pourrai pas servir de plats chauds.

3. .... m'aider, ma mère est restée à mes côtés dans la cuisine toute la matinée !

4. .... tire-bouchon, je ne pourrai pas ouvrir cette bonne bouteille.

5. .... persévérance, j'ai enfin réussi les œufs à la neige !

5

Reformulez les faits ci-dessous et exprimez ensuite une conséquence à l'aide des expressions suivantes.

tant ... que – si ... que – tellement ... que

Exemple : On trouve de nombreux papiers gras dans les escaliers.
➔ *Les papiers gras sont si nombreux/Il y a tant de papiers gras qu'on risque de glisser dessus et de tomber.*

Cité de l'enfer

1. Les voisins mettent la sono à plein volume.

....

2. Les chiens font leurs besoins en plein milieu des allées.

....

3. On ne trouve pratiquement plus d'ampoules en état de marche dans les parties communes.

....

4. L'ascenseur marche une fois sur deux.

....

6

Des habitants de Barcelone expriment leur opinion sur la tour Agbar (voir photo, p. 28).

a) Complétez leurs propos à l'aide des expressions suivantes.

bien que – avoir beau – contrairement à – même si – quoique – au lieu de

1. .... cette architecture soit source de polémique, je dois reconnaître qu'elle sort de l'ordinaire.

2. On .... m'expliquer que ce Nouvel est un architecte de génie, je trouve cette tour hideuse.

3. .... ça n'avait rien coûté, je n'aurais jamais voulu de ce truc-là en pleine ville.

4. Eh bien, moi, ... ce qu'on a l'habitude d'entendre, je dis que j'aime bien ce genre de réalisation.

5. .... la plupart de mes compatriotes soient contre, moi je trouve que ce n'est pas si laid que ça.

6. .... ce machin ridicule, on aurait mieux fait de faire quelque chose de classique.

b) Dites, pour chacun, s'il s'agit d'une opinion positive ou négative.

1. ☐ opinion positive ☐ opinion négative   **4.** ☐ opinion positive ☐ opinion négative

2. ☐ opinion positive ☐ opinion négative   **5.** ☐ opinion positive ☐ opinion négative

3. ☐ opinion positive ☐ opinion négative   **6.** ☐ opinion positive ☐ opinion négative

Le problème avec Toulouse-Blagnac, l'aéroport actuel, c'est que – l'expansion de l'urbanisation aidant – il est comme enclavé dans la zone urbaine. 100 000 à 170 000 habitants subissent aujourd'hui ses nuisances sonores. De plus, le risque d'accident n'est pas négligeable. Pour l'État, il n'y a plus de temps à perdre. L'expertise, réalisée par la direction de l'aviation civile et Aéroports de Paris, qui vient d'être rendue publique, a confirmé la nécessité impérieuse d'un nouvel aéroport. Huit sites sont envisagés.

Depuis la publication des études d'expertise, l'appel à la résistance est généralisé : députés, conseillers régionaux, conseillers généraux, maires – à l'exception de celui de Toulouse, qui, lui, souligne « le manque d'audace des élus, qui voudraient construire le nouvel aéroport chez les autres » – dénoncent ce projet comme un nouvel épisode de l'impérialisme des villes vis-à-vis de l'espace rural. Certaines associations vont même jusqu'à considérer « qu'après avoir exporté leurs déchets vers les zones rurales, les grandes villes veulent y exporter leurs nuisances sonores ». Pour Pierre Izard, président du conseil général, qui a pris la tête de la révolte, « il y a tromperie sur la marchandise.
On avait lancé des études sur un deuxième aéroport, soulageant Blagnac », lance-t-il, accusant les études d'être tendancieuses et la préfecture d'avoir « tout ficelé ».
Il propose donc d'étudier « sérieusement » l'hypothèse du dédoublement de Blagnac, celui-ci restant voué au trafic domestique tandis qu'un autre aéroport régional, celui de Tarbes ou de Carcassonne, serait agrandi pour le trafic international. Deux aéroports reviennent trop cher à gérer, répondent les études qui, à propos des nuisances, mettent deux chiffres en relation : plus de 100 000 personnes concernées si l'on garde Blagnac, quelques milliers seulement si on construit un nouvel aéroport.

Le président du conseil régional, quant à lui, souhaite qu'on envisage la création d'un aéroport du grand Sud-Ouest, à mi-chemin de Toulouse et Bordeaux. Cette plate-forme desservie par un TGV mettrait les deux métropoles à une demi-heure par le rail.

Trop loin ! Un TGV n'est pas un RER, répondent en substance les études, qui font observer que 65 % de la fréquentation de Blagnac vient de l'agglomération.

À ce jour, les sites de Vacquiers et de Fronton, plantés de vignobles, sont en tête des huit propositions envisagées par les études et la création du nouvel aéroport doit intervenir d'ici trois à cinq ans…

D'après www.infobruit.org

1

Lisez le texte.
a) Répondez.

1. L'article parle de :
   - [ ] **a.** la fermeture de l'aéroport de Toulouse.
   - [ ] **b.** la création d'un nouvel aéroport dans la région toulousaine.
   - [ ] **c.** la démolition de l'actuel aéroport de Toulouse.

2. Actuellement, l'aéroport de Toulouse-Blagnac se trouve :
   - [ ] **a.** à l'intérieur de la zone urbaine de Toulouse.
   - [ ] **b.** à 20 km de Toulouse.
   - [ ] **c.** à mi-distance de Toulouse et de Bordeaux.

3. L'opposition à ce projet vient de :
   - [ ] **a.** l'État.
   - [ ] **b.** des maires et des conseillers généraux et régionaux.
   - [ ] **c.** du préfet.

b) Repérez dans le texte les passages qui concernent l'opposition à ce projet.

....

....

c) Faites la liste des autres propositions avancées et, pour chacune, notez le contre-argument qui correspond.

....

....

....

d) Donnez un titre à cet article puis rédigez-en le chapeau qui résumera le contenu de celui-ci.

....

....

....

....

e) Résumez l'article lui-même au quart de sa longueur. (100 mots)

....

....

....

....

....

....

....

La vie au quotidien

1

Prenez connaissance des informations sur le DIF (Droit individuel de formation) disponibles sur le site de l'académie de Grenoble. Travaillez sur une feuille séparée.

http://www.phpmyvisites.net

Droit individuel de formation (DIF)

➤ **L'objectif**
Permettre à chaque salarié de disposer d'un contingent d'heures de formation à utiliser à son initiative avec l'accord de son employeur.

➤ **Le dispositif**
Tout salarié ayant un an d'ancienneté à temps plein en CDI bénéficie chaque année d'un crédit de vingt heures (l'accord de branche ou d'entreprise peut prévoir une durée plus élevée) cumulables sur six années jusqu'à 120 heures au maximum.
Pour les salariés en CDD ou à temps partiel, le droit annuel est calculé au prorata du temps travaillé.
Le financement du DIF est assuré par l'entreprise et imputable sur la participation à la formation professionnelle continue.

➤ **La démarche**
La demande de formation se fait à l'initiative du salarié.
Chaque année, il est informé, par écrit, par son employeur de ses droits acquis.
Le salarié peut consommer son DIF pour suivre une formation définie comme prioritaire par l'accord de branche ou d'entreprise.
Il doit obtenir l'accord de son employeur.
S'il n'y pas d'accord deux années consécutivement, le salarié peut présenter son projet de formation à l'organisme paritaire agréé au titre du congé individuel de formation (OPACIF) dont relève son entreprise.

➤ **Le déroulement**
La formation se déroule hors temps de travail et le salarié bénéficie d'une allocation formation égale à 50 % de la rémunération nette de référence.
Une convention, un accord de branche ou d'entreprise peut prévoir le déroulement du DIF en partie sur le temps de travail ; dans ce cas, la rémunération est maintenue.

➤ **La formation**
Çe sont les formations qui ont été définies comme prioritaires par l'accord de branche ou d'entreprise.
À défaut, les actions de formation éligibles au DIF relèvent de l'une des catégories suivantes :
– les actions de formation visant la promotion ou l'acquisition, l'entretien ou le perfectionnement des connaissances ;
– les actions de formation qualifiantes visant l'acquisition d'un diplôme ou d'un titre.

➤ **Cas particuliers**
En cas de départ de l'entreprise :
Licenciement pour motif personnel ou licenciement économique :
Si le salarié en fait la demande pendant son préavis, il peut utiliser son DIF pour suivre ultérieurement une action de formation, un bilan de compétences ou une VAE (validation des acquis de l'expérience).
Démission :
Le salarié peut utiliser son DIF pour une action de formation, un bilan de compétences ou une VAE, si l'action est engagée avant la fin du préavis.
Licenciement pour faute grave ou lourde, retraite :
Le salarié n'a pas de droit vis-à-vis du DIF.

a) Sélectionnez quelques informations et imaginez, pour chacune, la question à poser pour l'obtenir.

b) Écrivez vos questions puis échangez vos papiers avec votre voisin(e) et répondez aux questions posées à la manière d'une FAQ (foire aux questions).

Exemple : Vous serait-il possible de me dire si, étant en CDD, je bénéficie quand même du DIF ?
– Oui, puisque le droit annuel est calculé proportionnellement au temps travaillé.

2

Choisissez une des formations proposées dans l'article et justifiez votre choix devant la classe.

Précisez :
– votre cursus ;
– vos objectifs.

Quelles sont les tendances et innovations en matière de formation professionnelle ?

Alternatives aux stages courts, pédagogie originale, nouveaux diplômes... Voici les dernières nouvelles du marché.

Apprendre en s'amusant, c'est possible !

Faire des vocalises pour mieux maîtriser son expression orale, s'entraîner sur un terrain de rugby pour comprendre le travail d'équipe, s'initier aux techniques théâtrales pour maintenir en éveil son auditoire... les formations « décalées » sont une façon originale de joindre l'utile à l'agréable plus « soft », l'art offre également de nombreux champs de réflexion.

Hélène Mugnier, ex-enseignante à l'École du Louvre, qui a ouvert son propre cabinet Art et entreprise, n'a pas eu beaucoup de mal à convaincre ses prospects : Picasso, Monet ou Degas offrent un terrain parfait pour comprendre ce qu'est la créativité et surtout comment elle s'organise. « La toile est un endroit où s'expriment les contradictions et les conflits entre les idées et leurs représentations », explique-t-elle. La peinture permet aussi d'aborder la question des risques liés à l'innovation. Si celle-ci n'est pas suffisamment encadrée ou réfléchie en amont, elle peut partir dans tous les sens. Si Art et entreprise réserve encore ses interventions à des sociétés qui en font la demande, les personnes intéressées ont la possibilité de participer à des conférences données par Hélène Mugnier dans les principaux musées.

Même approche pour Goût en scène, qui revisite le management à partir de recettes de cuisine, ou pour l'École des Thés, qui entraîne les participants à la découverte des mille facettes de ce délicat breuvage pour s'imprégner du parfum d'autres cultures. Aux côtés de leurs stages sur mesure, très prisés en entreprise, ces prestataires ont développé des événements grand public. Quels que soient les supports utilisés, ces programmes apportent une bouffée d'oxygène dans l'univers de la formation professionnelle. « C'est à la fois très amusant et très utile. J'ai commencé à utiliser certaines des recettes apprises quand j'ai fait des présentations en public. Si l'occasion se représentait, je n'hésiterais pas une seule seconde ! » s'enthousiasme Nadine Fuget, qui cherche aujourd'hui à convaincre ses collègues de s'engager sur ses pas. On ne peut rêver meilleure publicité...

Laurence Estival, *Mobilité Mag*, 07/07.

DES MOTS ET DES FORMES

1

Associez les éléments des trois colonnes.

		ce qu'il risque.
		un succès grandissant.
		se faire discret.
Il	connaît	le monde de l'entreprise.
Il (se)	sait	son métier par cœur.
		en position de faiblesse.
		s'exprimer en public.
		en danger.

2

Exprimez le contraire. Utilisez les expressions de l'exercice 3, p. 60 du manuel.

Exemple : Je ne sais rien faire de mes dix doigts. → *Je suis très habile de mes mains.*

1. Je me perds très facilement. → ....

2. Je suis très mauvais comédien. → ....

3. Je me fatigue vite. → ....

4. Je chante comme une casserole. → ....

5. Je déteste me dépenser physiquement. → ....

6. Je suis nul en maths. → ....

7. Je ne sens pas les choses venir. → ....

8. Je ne retiens rien. → ....

9. Je suis très dispersé. → ....

10. L'apprentissage des langues et moi, ça fait deux ! → ....

3

Vous êtes les parents de Pierre et, après la lecture de son bulletin de notes, vous formulez six souhaits le concernant.

Nom de l'élève : **Pierre Charal**	Classe : **6e2**
Matières	**Appréciations**
FRANÇAIS	Élève très faible en orthographe.
ANGLAIS	Élève turbulent. Doit apprendre à se discipliner.
HISTOIRE/GÉOGRAPHIE	N'apprend pas ses leçons.
ÉDUCATION PHYSIQUE	Gros potentiel mais dépense son énergie à perturber le cours.
DISCIPLINE	Comportement inadmissible, esprit rebelle. Cela doit cesser immédiatement sous peine d'exclusion.

Nous souhaitons que Pierre ....

....

....

Nous voudrions bien que ses professeurs ....

....

....

Nous aimerions que l'établissement ....
....
....

4

Reformulez ces souhaits d'enseignants pour une école nouvelle en utilisant un verbe.

Exemple : une définition d'un socle des connaissances et compétences indispensables
➜ *Nous souhaitons qu'on définisse/que soit défini un socle des connaissances et compétences indispensables.*

1. la mise en place d'une personnalisation des apprentissages à l'école et au collège

....

2. la simplification de la voie technologique au lycée

....

3. le développement de formations et de diplômes dans le secteur sanitaire et social

....

4. la création d'un conseil pédagogique dans les établissements du second degré

....

5. l'affectation des nouveaux titulaires dans leur académie de formation

....

6. un ensemble de mesures pour renforcer les relations avec les parents

....

5

Soulignez tous les imparfaits du subjonctif, puis donnez leur équivalent au subjonctif présent.

Oui dès l'instant que je vous vis   ....

Beauté féroce, vous me plûtes   ....

De l'amour qu'en vos yeux je pris   ....

Sur-le-champ vous vous aperçûtes   ....

Ah! Fallait-il que vous me plussiez   ....

Qu'ingénument je vous le dise   ....

Qu'avec orgueil vous vous tussiez   ....

Fallait-il que je vous aimasse   ....

Que vous me désespérassiez   ....

Et qu'enfin je m'opiniâtrasse   ....

Et que je vous idolâtrasse   ....

Pour que vous m'assassinassiez?   ....

Alphonse Allais,
« Complainte amoureuse ».

6

Lisez les réactions des lectrices.

Au royaume de l'ovalie Enquête auprès de nos lectrices

Mesdames, le rugby, ça vous dit ?

1. Ah! là, là! quand je vois ces athlètes, je n'en crois pas mes yeux! C'est carrément époustouflant ce qu'ils font et je ne louperais un match pour rien au monde!
2. C'est vrai que je regarde volontiers un match de finale, mais je ne peux pas dire que je sois spécialement attirée par ce sport.
3. Moi, le rugby, ça me fait ni chaud ni froid et je suis bien la seule parce que toutes mes copines sont complètement accros!
4. Je comprends rien au jeu mais c'est quand même un spectacle et je m'amuse assez à les voir se monter tous les uns sur les autres pour récupérer le ballon!
5. C'est bien simple, quand je vois qu'il y a un match de rugby à la télé, je zappe! Non, vraiment, j'arrive pas à rentrer dans ce truc et puis, les mecs, on dirait de vrais monstres, raison de plus pour ne pas être accrochée.
6. La première fois que je suis allée voir un match, j'ai été fascinée par l'ambiance : c'est fou la communion qu'il peut y avoir entre une équipe et ses supporters!
7. Les subtilités du jeu, la sportivité des joueurs et la beauté de leur corps, vraiment tout me plaît dans ce sport, je suis une inconditionnelle!
8. En général, je ne suis pas spécialement attirée par les sports violents et, le rugby, c'est fou ce que c'est violent mais, à côté de ça, c'est un sport qui respecte l'adversaire et ça, c'est épatant!

a) Classez-les dans le tableau suivant.

Très intéressées	Moyennement intéressées	Pas du tout intéressées
....	....	....

b) Réagissez à votre tour à la question posée dans le titre : exprimez votre intérêt ou votre indifférence.

....
....
....
....
....
....

7

Associez les éléments des deux colonnes. (Plusieurs combinaisons sont possibles.)

1. battre   **a.** une victoire
2. marquer   **b.** un obstacle
3. réaliser   **c.** un adversaire
4. perdre   **d.** un match
5. rater   **e.** un but
6. surmonter   **f.** un exploit
7. remporter   **g.** une compétition
8. participer à   **h.** un record

1

a) Lisez l'extrait n° 1 d'un article sur le tableau interactif. Puis, de mémoire, listez toutes les opérations que cet outil permet de réaliser. Relisez ensuite le texte pour vérifier.

b) Lisez l'extrait n° 2. Listez, sur une feuille séparée, tous les avantages de ce tableau au niveau de l'apprentissage.

Le tableau interactif (TBI)

Extrait n° 1

Bien sûr, on écrit, on dessine et on rature sur un tableau interactif comme sur une bonne vieille ardoise. Mais on peut aussi y déplacer les objets dessinés (un mot, un cercle), les redimensionner, les colorer, les faire pivoter. Grâce aux logiciels dédiés, qui contiennent des programmes,

des banques d'images et de données, le professeur peut afficher des images, des photos ou une animation vidéo ; il peut préparer le contenu du cours à l'avance, tourner des pages sur l'écran avec son stylet, sauvegarder les corrections au fur et à mesure de la progression de la leçon, imprimer le tout à la fin du cours… Et puis bien sûr, passer d'un exercice à l'autre, d'une matière à une autre en un clic.

Extrait n° 2

Selon une enquête de l'Éducation nationale, 88 % des enseignants qui utilisent le tableau interactif constatent un effet direct sur la qualité de l'apprentissage. *« Cet outil est beaucoup moins intimidant qu'un traditionnel tableau noir*, analyse un psychiatre spécialiste du développement de l'enfant. *Il éveille la curiosité des élèves, les motive, les autonomise, nourrit leur besoin d'interactivité et les rapproche du prof, dans une logique moins magistrale. »* La passion des écoliers pour les nouvelles technologies s'explique d'ailleurs scientifiquement, note le spécialiste : *« Les profs qui* nous ont le plus marqués dans notre vie sont ceux qui nous ont émus. Notre système de mémorisation carbure à l'émotion ; grâce au TBI, le professeur mobilise des ressources visuelles (vidéo, multimédia) qui peuvent décupler l'émotion : passer un extrait d'Amadeus pour raconter Mozart, c'est déclencher le rire. Et une classe qui rit est une classe qui se souvient de tout des années plus tard. »* Concrètement, dans le cerveau d'un élève, qu'est-ce qui se met en marche lorsqu'il utilise un TBI ? *« On débloque une partie du cerveau qui n'a pas été éveillée par le processus "normal" d'apprentissage*, insiste encore le psychiatre. *Un cours sur le tableau noir contraint l'élève à rester concentré sur la zone temporale de l'audition et la zone occipitale de la vision : s'il n'est pas intéressé à priori, il ne le sera pas à la fin du cours. Un tableau interactif à l'inverse, parce qu'il fait appel à un système tridimensionnel et d'animation, touche plusieurs zones du cerveau et dope l'apprentissage ; il titille d'une part le noyau accumbens, qui active la notion de plaisir (c'est son côté ludique), de l'autre, l'hippocampe qui renforce la mémorisation ; enfin, il touche aussi aux neurones miroirs, qui permettent d'apprendre au contact d'autres êtres humains, de développer l'empathie. »* La maîtrise naturelle par les élèves d'outils de plus en plus complexes révolutionne donc leur rapport à l'apprentissage.

D'après « L'école de demain », *Le Monde 2*, 15/09/07.

c) Imaginez. Vous faites la promotion de cet outil devant la classe, vous avez deux minutes pour convaincre votre auditoire.

DES MOTS ET DES FORMES

1

Faites parler les personnages d'une série télévisée. Utilisez les expressions de l'exercice 2, p. 64 du manuel, pour exprimer le découragement, encourager, dire qu'on a atteint/manqué son but.

1. ....

2. ....

3. ....

4. ....

5. ....

6. ....

2

Complétez avec le mot juste.

Chers collaborateurs,

Cette réunion a pour (intention/objet) .... de vous informer des grandes lignes de mon programme. Vous

savez que mon (dessein/vœu) .... a toujours été de servir la nation et, maintenant que j'ai été nommée

ministre de la Santé, de la Jeunesse et des Sports, je me suis fixé des (visées/objectifs) .... ambitieux et j'ai

la ferme (intention/finalité) .... de tout mettre en œuvre (de crainte/afin) .... que

ceux-ci soient (atteints/touchés) .... d'ici un an. Il va de soi que, pour parvenir à mes (fins/buts)

..................................., j'ai besoin de votre étroite collaboration.

3

Identifiez les énoncés qui expriment le but et ceux qui expriment la conséquence.

Exemple : J'ai envoyé un dossier très complet de sorte...
que ma demande de DIF a été acceptée. ➡ *conséquence*
que ma demande de DIF soit acceptée. ➡ *but*

1. Chaque classe dispose de plusieurs ordinateurs de sorte que...

    a. les enfants peuvent s'exercer à l'usage du clavier. ➡ ....

    b. les enfants puissent acquérir la maîtrise de l'outil. ➡ ....

2. Le nombre des participants au stage est limité à douze de sorte que...

    a. chacun puisse disposer d'un temps de parole suffisant. ➡ ....

    b. chacun a la possibilité d'intervenir quand il le souhaite. ➡ ....

3. Les parents contrôlent l'utilisation d'Internet de sorte que...

    a. leurs enfants ne soient pas sollicités par des inconnus. ➡ ....

    b. leurs enfants ne sont pas en danger. ➡ ....

4

Terminez les énoncés extraits de différents méls à l'aide des expressions suivantes.

dans la perspective de – avec l'espoir de – avec l'intention de – dans le souci de – question de

Exemple : Je suis un stage de reconversion...
➜ *Je suis un stage de reconversion dans la perspective de changer de métier/d'un changement de métier.*

1. Voilà deux mois que tu m'as quitté et je t'écris ce message ....

2. Je m'adresse à votre organisme ....

3. Je refuse de répondre : ....

4. Pas étonnant que tu n'aies pas pu joindre ma sœur, elle est partie en Angleterre ....

5. Nous vous faisons parvenir par retour de courrier toute la documentation demandée ....

5

Reconstituez, sur une feuille séparée, le témoignage d'un étudiant à propos d'un séjour universitaire à l'étranger à l'aide des éléments suivants.

afin que – ne pas – de manière à – j'ai renoncé à partir à l'étranger – pour que – mes parents m'ont encouragé – pour – m'éloigner de ma famille – afin de – de crainte de – je parte étudier à l'étranger – j'ai voulu partir à l'étranger

6

Lisez les informations suivantes communiquées sur le site Internet du ministère de la Santé, de la Jeunesse et des Sports.

Les initiatives et l'engagement des jeunes : le programme **Envie d'agir**

Afin de répondre à la diversité des attentes des jeunes en matière d'engagement et de prise d'initiative, le ministère de la Santé, de la Jeunesse et des Sports fédère au sein du programme Envie d'agir l'ensemble de ses dispositifs d'aide destinés aux jeunes de 11 à 30 ans.

En 2006, plus de 3 350 projets ont été soutenus. 42 000 jeunes ont été touchés par le programme, dont plus de 13 500 bénéficiaires directs.

Ce programme unique a pour objectif de rendre plus accessibles et plus efficaces les dispositifs d'aide aux projets des jeunes. Il répond à la volonté du ministère de soutenir et de promouvoir la créativité, l'audace et le talent des jeunes dans tous les domaines : animation et développement local, première création culturelle, technique ou scientifique, solidarité internationale ou de proximité, volontariat, création d'activité économique...

Envie d'agir est un programme généraliste qui vise à favoriser l'engagement dans un projet collectif ou individuel revêtant un caractère d'utilité sociale ou d'intérêt général.

Envie d'agir apporte un soutien à la fois pédagogique, technique et financier permettant d'accompagner les jeunes de l'émergence à la réalisation effective de leur projet.

Cinq critères sont pris en compte pour l'examen des projets : le parcours personnel des candidats, l'utilité sociale, l'impact local, l'innovation sociale, scientifique ou technique et l'inscription dans la durée des projets.

Partout en France, les directions régionales et départementales de la Santé, de la Jeunesse et des Sports et le réseau des 800 points d'appui Envie d'agir informent et accompagnent les jeunes dans la proximité. Des espaces Initiatives Jeunes ont également été mis en place pour favoriser l'émergence et l'accompagnement des projets de création d'activité économique.

Depuis 2006, Envie d'agir est soutenu par le Crédit agricole, partenaire national du programme.

a) Identifiez tous les termes qui marquent une idée de finalité, de but.

b) Choisissez, par petits groupes, un domaine d'action et présentez votre projet associatif devant la classe en insistant sur vos actions et vos intentions et objectifs.

1

Une nouvelle chaîne de télévision vient de voir le jour. Elle est destinée aux bébés de six mois à trois ans et son slogan est : « Regardez votre bébé s'épanouir. »
Vous exposez et développez votre point de vue sur ce sujet dans les pages du magazine *Parents*.

– Prenez connaissance d'arguments « contre » lus dans la presse et complétez la liste de ce type d'arguments.
– Listez ensuite des arguments « pour » susceptibles d'être avancés.
– Reportez-vous aux consignes données, p. 67 du manuel, pour construire votre argumentation.

Le docteur Christakis, expert en pédiatrie, explique que le cerveau du nouveau-né se développe très rapidement pendant les trois premières années de sa vie. C'est à ce moment que le cerveau se met véritablement en place. Le surstimuler pendant cette phase critique pourrait créer des habitudes mentales nuisibles.

La télévision peut raccourcir la durée de l'attention et créer des problèmes de concentration, des comportements agités et impulsifs. Or, les programmes pour enfants exploitent justement cette esthétique des images ultra-rapides, pour l'attirer. Une étude récente a démontré que, pour chaque heure qu'un enfant passe à regarder la télé chaque jour, il accroît le risque de problèmes liés à un déficit d'attention de 10 %.

La recherche a prouvé que des enfants de six mois sont capables de former des images mentales de logos et de mascottes de grandes marques. À trois ans, un enfant peut précisément demander un produit par son nom de marque.

2

Vous participez à une enquête du magazine *L'Étudiant* sur les études à l'étranger. Vous rédigez un petit texte dans lequel vous exprimez votre point de vue sur la question.

Reportez-vous, p. 67 du manuel, pour organiser votre développement.

....

....

....

....

....

....

....

....

....

....

....

....

....

....

....

....

La vie au quotidien

1

Répondez.

1. Quelle est la durée légale d'un congé sabbatique ?

....

2. Qui s'occupe du recrutement dans une entreprise ?

....

3. Que signifient les sigles PME et PMI ?

....

4. Citez plusieurs formules possibles pour clore une lettre adressée à son directeur.

....

5. Comment nomme-t-on l'argent versé par l'État à un chômeur ?

....

6. Quelle différence y a t-il entre un CDD et un CDI ?

....

7. Comment doit-on procéder pour demander un congé sans solde ?

....

8. Citez des noms de syndicats français.

....

9. Citez différents motifs de licenciements possibles entre salarié et employeur.

....

2

Complétez le contenu de la lettre avec les mots qui conviennent.

Monsieur le Directeur

Conformément à l'(annonce/article/avis) .... L 12-28-1 du code du travail, je vous ai adressé le 14 mars 2008 une lettre vous (parlant/traitant/informant) .... de mon intention de bénéficier d'un congé parental d'éducation à l'occasion de la naissance de mon enfant. Je suis extrêmement surprise du refus que vous venez de me faire (connaître/préciser/parvenir) .... par votre lettre du 27 mars et je considère que les (explications/raisons/justifications) .... que vous invoquez ne sont pas valables.

En effet, ma demande a été faite dans les (normes/délais/limites) ...., le cachet de la poste en fait (loi/droit/foi) .... et l'entreprise comprend plus de cent salariés.

(En conséquence/En résumé/En tout cas), je vous demande instamment de reconsidérer votre (opinion/position/avis) .... À défaut, je me verrais dans l'obligation de porter cette affaire devant le Conseil des (avocats/prud'hommes/médiateurs) ....

Veuillez agréer, Monsieur le Directeur, mes salutations distinguées

Reconstituez les deux lettres en choisissant, pour chacune, les trois paragraphes qui la constituent.

1. Mon préavis étant de trois mois, je vous informe que je quitterai donc l'entreprise le 30 octobre prochain.

2. Le contrat à durée déterminée que j'ai signé le 15 juin dernier prévoyait la possibilité d'un renouvellement.

3. D'ici là, je m'absenterai, si nécessaire, chaque jour pendant une heure, comme le prévoit la convention collective, afin de rechercher un nouvel emploi.

4. Employée dans votre société depuis le 1er mai 1999, je vous présente ma démission du poste de secrétaire du service import-export.

5. J'arrêterai donc de travailler le 15 décembre, à la fin du premier contrat. Vous voudrez bien alors me verser l'indemnité compensatrice de congés payés et l'indemnité de fin de contrat prévues par la loi.

6. Je vous informe que je ne souhaite pas renouveler ce contrat.

a. Lettre de demande de non-renouvellement d'un CDD

Monsieur le Directeur,

....

....

....

....

....

....

....

....

....

Veuillez agréer, Monsieur le Directeur, l'expression de mes sentiments distingués.

b. Lettre de démission

Monsieur le Directeur,

....

....

....

....

....

....

....

....

....

Veuillez agréer, Monsieur le Directeur, l'assurance de ma considération distinguée.

DES MOTS ET DES FORMES

1

Trouvez dix mots appartenant au thème du travail dans la grille suivante.

2

a) Identifiez l'intention de la personne. Dites si elle exprime un regret, un souhait, une suggestion, un conseil, un reproche, un projet hypothétique, ou bien si elle imagine quelque chose ou encore atténue une demande.

b) Reformulez avec une tournure nécessitant le conditionnel.

Exemple : Dommage qu'on n'ait pas réclamé une plus forte augmentation !
➜ *(regret) On aurait dû réclamer une plus forte augmentation !*

1. Puisque nous sommes arrivés à un accord, que ce soit l'occasion de partir sur de nouvelles bases.

....

2. Ce que je supporte mal, c'est votre manque de souplesse.

....

3. C'est bête qu'on n'ait pas obtenu une prime de fin d'année.

....

4. Attendez de voir sa réaction avant de lancer une menace de grève.

....

5. Seulement 1 % d'augmentation ! J'attendais mieux de votre part !

....

6. On envisage la solution suivante : rémunérer en heures supplémentaires le personnel en CDI et éviter ainsi d'embaucher des CDD.

....

7. Si je puis me permettre : tenez bon, restez fermes sur vos positions !

....

8. Et si on faisait appel à un négociateur ?

....

9. Est-ce trop vous demander que de vous exprimer plus clairement ?

....

10. Je pensais que vous alliez être plus vindicatifs !

....

11. Supposons la chose suivante : tu es fonctionnaire, tu as la sécurité de l'emploi, tu ne travailles plus que 35 heures hebdomadaires mais, en revanche, tu touches la moitié de ton salaire actuel.

....

3

Complétez librement les propos de ces différentes personnes.

1. Un syndicaliste : Si la direction se montrait moins intransigeante, ...

....

2. Le P-DG : Si vous n'aviez pas fait grève cet hiver, ...

....

3. Un délégué du personnel : Si on nous avait consultés plus tôt, ...

....

4. Un autre syndicaliste : Si vous ne pensiez pas exclusivement aux profits, ...

....

5. Le DRH : Si l'entreprise donnait satisfaction à toutes vos revendications, ...

....

4

Complétez le dialogue entre deux collègues avec les pronoms qui conviennent.

« Tu peux ..... passer le dossier Grands Travaux, s'il te plaît ?

– Non, pas tout de suite, je ..... ai besoin pour la réunion.

– Bon, mais demain tu pourras .... passer ?

– D'accord mais ne ..... laisse pas sur le bureau comme l'autre jour, fais-..... attention.

– Promis, je ..... prendrai soin.

– Et quand est-ce que tu .... rends ?

– Après-demain, sans faute.

– Je ..... compte bien. »

5

Complétez, comme dans l'exemple.

Exemple : Important : il faut que vous fassiez attention à votre tenue, j'insiste bien.
➜ *J'insiste bien, **faites-y attention**.*

1. Important : il ne faut pas que vous me rendiez ce dossier en retard, j'insiste bien.

....

2. Attention : il faut que tu utilises le nouveau logiciel à partir de demain, j'insiste bien.

....

3. Important : il faut que vous preniez vos vacances avant la fin de l'année, j'insiste bien.

....

4. Attention : il ne faut pas que vous pensiez à une augmentation pour cette année, j'insiste bien.

....

5. Important : il faut que tu expédies cette lettre avant ce soir, j'insiste bien.

....

6. Attention : il faut que vous arriviez à la réunion à l'heure dite, j'insiste bien.

....

1

Répondez aux différentes questions, échangez vos points de vue.

Forum de classe	**1.** Y a-t-il des métiers que vous n'aimeriez pas exercer et pourquoi ? **2.** Y a-t-il des métiers qui vous font rêver ? **3.** Si vous gagniez le gros lot au Loto, continueriez-vous à travailler ? **4.** Êtes-vous pour ou contre le travail au noir ? **5.** Si vous travaillez actuellement, en quoi consiste ce travail et en êtes-vous satisfait ? **6.** Quel est, selon vous, l'âge idéal pour prendre sa retraite ? **7.** Êtes-vous favorable au télétravail ? **8.** Travailler, est-ce une obligation ou un plaisir ?

2

a) Reconstituez le témoignage de Christophe. Placez les paragraphes dans l'ordre.

Cuisinier de formation, Christophe Bourdiol, vingt-trois ans, a quitté son emploi dans un restaurant étoilé Michelin en France pour s'installer au Venezuela où il vit depuis six mois.

a. ..... — Dernièrement, j'ai rencontré un Français, qui est l'un des plus gros investisseurs sur Caracas. Il m'a proposé un poste de chef dans le bistrot français qu'il compte ouvrir dans l'un des clubs les plus huppés de Caracas. Les travaux ont déjà commencé. J'aurai un contrat de travail. Ma situation au Venezuela va donc changer. Je suis en cours d'acquisition de mes papiers officiels pour lesquels je suis passé par un intermédiaire.

Il faut savoir que les structures officielles mettent du temps à délivrer ces papiers. Une fois mes papiers acquis, je devrai entamer des démarches pour tout ce qui concerne la fiscalité, la retraite. Cela ne m'inquiète pas trop, je laisse venir. Au Venezuela, les choses ne sont pas aussi réglementées qu'en Europe, par exemple.

b. ..... — Arrivé au Venezuela, je n'ai pas eu de souci de logement, puisque la famille de mon amie m'a accueilli comme un membre à part entière. Durant les quinze premiers jours, je me suis accoutumé à la culture du pays et j'ai dû apprendre la langue. Ce qui a été relativement facile : au bout de quatre mois, je pouvais comprendre et tenir une conversation en espagnol.

Ensuite, j'ai appris à connaître les spécialités du pays en vue de mon métier. J'ai commencé à chercher un emploi en me présentant dans les grands restaurants. J'ai effectué des stages non rémunérés pour apprendre à travailler dans ce nouvel environnement. Puis j'ai commencé à travailler sans contrat, mais en étant très bien rémunéré. Je gagnais 2,5 millions de bolivars alors que le salaire moyen est de 700 000 bolivars. En fait, ça a marché parce qu'un chef m'a pris sous son aile.

c. ..... — Le Venezuela est un pays où celui qui a envie peut réussir. Je ne regrette pas, je me suis offert une nouvelle vie. La vie n'est pas très chère mais le système de protection sociale est faible. Les relations de travail sont plus souples, les gens plus agréables, c'est une autre mentalité. C'est sûr qu'il faut être un peu aventurier pour partir comme ça. Il faut s'intégrer au pays et non l'inverse. Par exemple ici, il n'y a pas d'horaires de bus, vous attendez qu'il passe. Cela peut être quelque chose de difficile à comprendre pour une personne qui vient d'Europe, des États-Unis ou du Canada. Ici, il y a des paroles d'une chanson que l'on entend beaucoup : « Je reste au Venezuela parce que je suis optimiste. » Je compte rester au Venezuela deux ou trois ans, puis je reprendrai la route pour aller ailleurs. Je rentrerai en France vers l'âge de trente ans, je pense. »

d. ..... — « En novembre dernier, j'ai rendu visite à une amie au Venezuela. Je me suis rendu compte du potentiel de ce pays par rapport à mon métier. J'ai décidé de m'y installer. J'ai longuement préparé mon départ, durant deux mois environ. Il a fallu que je vende ma voiture, ma moto, que je résilie mes différents abonnements… Tout cela m'a paru bien fastidieux et bien long. Tous les sites et sources d'informations que j'avais consultés conseillaient de partir au Venezuela en possession d'un visa de travail. Mais, en réalité, il y a un fossé entre ce qu'il faudrait faire et ce que l'on peut faire. Il est très difficile de trouver un emploi à l'étranger depuis la France pour obtenir ce fameux visa. Je suis donc parti au Venezuela avec un visa touristique et pour seul bagage une valise de 25 kg !

D'après vivrealetranger.studyrama.com

b) Lisez les conseils d'expertise suivants et dites si le parcours de Christophe correspond à ces conseils.

L'EXPERTISE

Anna Eicher, directrice de Consulting Mobility International (CMI), agence de relocation, de consulting et de coaching, revient sur la bonne attitude à adopter si l'expatriation est envisagée.

Les candidats à l'expatriation prennent rarement le temps de bien se renseigner sur leur destination avant de partir bien que cela soit primordial. Ils pensent trop souvent tout savoir ou en connaître assez sur leur destination. Beaucoup partent presque sur un coup de tête, avec un visa touristique qu'ils reconduisent parfois le temps de trouver un emploi sur place. Et, une fois cet emploi trouvé, ils restent dans le pays d'accueil sans prendre le temps de rentrer en France pour faire établir correctement leurs papiers (visa de travail). C'est une alternative risquée, surtout si l'on part dans un pays à la législation compliquée ou instable politiquement. L'expatrié risque de ne plus pouvoir quitter le pays de l'expatriation.

Il est conseillé de partir s'installer à l'étranger muni d'un visa de travail. Or, on sait qu'il n'est pas évident de trouver un travail depuis la France. Un voyage dans le pays choisi s'impose alors. Non seulement, le candidat à l'expatriation peut ainsi prospecter en vue d'un éventuel contrat de travail mais, en plus, ce voyage lui permet de se faire une idée plus précise de la vie qui l'attend sur place. Ensuite, il doit revenir en France avec une promesse d'embauche ou un contrat de travail et peut demander un visa de travail. Le départ dans le pays convoité se fera alors dans la légalité.

Je conseille à toute personne qui souhaite s'expatrier de se préparer au mieux afin de bien connaître la législation du pays dans lequel elle souhaite partir. Il faut se poser toutes les questions possibles et pouvoir se dire «si ça ne me plaît pas, il faut que je puisse rentrer». Pour cela, il est bien de se faire accompagner par un consultant avant le départ mais aussi une fois sur place. Cependant, comme il s'agit d'un service payant, les futurs expatriés rechignent à faire appel à ces professionnels. Il faut au minimum se rendre à l'Espace emploi international qui dispose de très bonnes informations. Bien sûr, procéder ainsi retarde le départ définitif, mais le candidat à l'expatriation est tellement mieux préparé.

Propos recueillis par Odile Gnanaprégassame.

D'après vivrealetranger.studyrama.com

....

....

....

....

....

....

....

....

....

....

....

DES MOTS ET DES FORMES

1

Complétez avec *de*, *en* ou *à*.

1. Je suis fier aujourd'hui ..... vous présenter notre nouvel expert en communication qui est prêt ..... nous aider dans notre tâche.

2. Le nouveau, il est plein de bonnes intentions mais il est nul ..... comptabilité et je ne pense pas qu'il soit apte ..... régler les problèmes. Par contre, il est excellent ..... sport et on a gagné le match grâce à lui.

3. Il est conscient ..... ne pas avoir été sérieux jusqu'ici mais il est plein ..... bonnes résolutions à présent.

4. Bien qu'il soit doué ..... affaires, je suis opposé ..... sa nomination au poste de directeur parce qu'il est par ailleurs dépourvu ..... tout scrupule.

2

Mettez le verbe entre parenthèses aux temps et mode qui conviennent.

Le P-DG a rappelé en ouverture que l'avenir de l'entreprise (être) .... en jeu et a demandé que chacun (agir) .... en conscience. Un syndicaliste a pris la parole pour dire que le personnel (ne pas cesser) .... de faire des sacrifices pendant dix ans et que ce (être) .... à la direction maintenant de faire des efforts. Puis un élu du personnel s'est adressé à la DRH et lui a demandé si le projet du nouvel accord d'entreprise (avoir) .... des conséquences sur l'âge du départ en retraite. Elle a déclaré que cela (ne pas dépendre) .... de l'entreprise et que, si le gouvernement (ne pas décréter) .... de nouvelle loi à ce sujet, il (ne pas y avoir) .... de changement.

3

Identifiez l'intention de la personne. Dites si elle exprime une acceptation, une justification, une réclamation, un avertissement, une mise en garde ou une menace.

1. Si vous ne changez pas d'attitude, j'en référerai à mes supérieurs.

➜ ....

2. Je ne travaillais pas encore dans ce service quand la fraude a été découverte.

➜ ....

3. Vous devez être très vigilant car il y a beaucoup de factures impayées.

➜ ....

4. Pour cette fois, passons, mais à partir de maintenant vous n'avez plus droit à l'erreur.

➜ ....

5. J'attends toujours le règlement des heures supplémentaires que j'ai effectuées en décembre.

➜ ....

6. C'est à titre tout à fait exceptionnel que nous vous accordons cette avance sur salaire.

➜ ....

7. Je vous préviens que ça ne va pas se passer comme ça, il y aura des suites à cette affaire.

➜ ....

4

Réécrivez l'article en transformant les paroles rapportées en paroles citées (avec incises) et les paroles citées en paroles rapportées.

Bernard Laporte assure ses arrières en cas de défaite du XV de France.

L'entraîneur du XV de France Bernard Laporte a assuré mercredi qu'il ne renoncerait pas à sa future fonction de secrétaire d'État à la Jeunesse et aux Sports en cas de défaite contre l'Irlande vendredi soir, synonyme d'élimination de la Coupe du monde.

« Je dois avoir un sosie, car je n'ai jamais parlé de ça », a-t-il déclaré au sujet d'une hypothétique démission. « Quand j'ai discuté avec le président de la République de ma nomination, il était clair qu'il n'y avait pas de relation de cause à effet entre les deux métiers. Moi, je n'ai jamais dit que je renoncerais, car cela n'a rien à voir. J'espère que j'irai le plus loin possible, même s'il me tarde de commencer mes nouvelles fonctions. »

Il a également assuré que la pression extra-sportive liée à ce changement de statut ne le gênait pas dans la préparation de ce match contre l'Irlande que l'équipe de France doit impérativement gagner pour rester en course pour les quarts de finale. « Cela ne me paralyse pas du tout, a-t-il assuré. C'est un métier que j'ai accepté. »

France Matin, 19/09/07.

....
....
....
....
....
....
....
....

5

Choisissez le verbe introducteur qui convient le mieux au contexte.

1. Il a (annoncé/avoué) .... qu'il avait détourné de l'argent de la société pour son compte personnel.

2. Il a (déclaré/précisé) .... solennellement qu'il n'y avait jamais eu de compte occulte dans la société.

3. Il m'a (promis/confié) .... qu'il avait vu un de ces collègues prendre de l'argent dans la caisse.

4. Il a (avoué/prétendu) .... qu'on lui avait demandé de ne rien dire en haut lieu.

6

Imaginez et diffusez des bruits qui courent au sujet de certaines personnes de la classe.

Exemple : Quelqu'un m'a dit/affirmé que X allait quitter l'école / avait été renvoyé de l'école / parlait très bien français / avait trouvé un nouveau job.

....
....
....

1

a) Lisez le texte et répondez.

Débordements sportifs

Robert Ménard, chauffeur de bus à Toulouse et fanatique de rugby, voulant marquer son soutien au quinze de France à la veille des quarts de finale du Mondial 2007, avait revêtu le maillot bleu, symbole de l'équipe, pendant ses heures de travail. Mais la direction a décrété une mise à pied d'une semaine de son salarié, arguant qu'il y avait là manquement au règlement qui stipule qu'un chauffeur doit conduire en uniforme. Riposte immédiate des syndicats qui ont fait pression sur la direction pour que la sanction soit levée. En fin de journée et au terme de discussions houleuses, un compromis a été trouvé : le chauffeur pourra reprendre son travail tout en continuant à soutenir activement son équipe. En effet, une banderole ainsi qu'un ballon ovale seront disposés sur le tableau de bord du bus, à côté du chauffeur... en uniforme.

1. On parle :
- ☐ **a.** d'un joueur de rugby.
- ☐ **b.** d'un responsable de l'équipe de rugby.
- ☐ **c.** d'un supporter de l'équipe de rugby.

2. La personne :
- ☐ **a.** a été renvoyée une semaine.
- ☐ **b.** a failli être renvoyée une semaine.
- ☐ **c.** bénéficiera d'une semaine de congé.

b) Simulation.

Divisez la classe en deux groupes (qui vont exécuter l'un après l'autre la même consigne).

Vous allez être les acteurs de la réunion extraordinaire qui s'est tenue au sein de la direction générale des transports toulousains à la suite de la sanction infligée au chauffeur de bus.

Préparation (simultanée pour chacun des deux groupes)
- Distribuez-vous les rôles : un P-DG, un DRH, quelques élus du personnels, deux ou trois délégués syndicaux.
- Séparez-vous.
  D'un côté, le P-DG et le DRH listent les arguments destinés à justifier la sanction prise.
  De l'autre côté, les délégués syndicaux et les représentants du personnel listent les arguments à avancer en riposte à la sanction prise.
  Décidez qui dira quoi et sur quel ton et répartissez les temps de parole de chacun.

Exécution
- Un premier groupe s'installe pour simuler la réunion.
  Le P-DG :
  – ouvre la séance en annonçant l'ordre du jour ;
  – fait un rapide historique des faits ;
  – donne la parole à la défense.
  La discussion s'engage entre les deux camps et la séance se termine sur un compromis.
  Le P-DG clôt la séance.
- L'autre groupe « spectateur » prend des notes pendant le déroulement des débats.
- Puis le second groupe joue la scène à son tour.

c) Chaque groupe rédige ensuite le compte-rendu écrit de la réunion qu'il vient d'observer. Il convient de restituer, en termes clairs et en toute objectivité, l'essentiel des échanges.

Compte-rendu de la réunion extraordinaire du ....

Étaient présents :

....

....

....

....

Le P-DG ouvre la réunion en annonçant quel est l'ordre du jour :

....

....

....

....

....

....

....

....

....

....

....

....

....

....

....

....

....

....

....

....

La vie au quotidien

1

Lisez cet extrait du *Guide du brunch à Paris*.

51, rue Quincampoix, IVe
M° Rambuteau
Tél. 01 42 77 98 04
Brunch le dimanche : 12 h-15 h
Prix : 23 euros
Réservation conseillée

Ouvert en 2004, ce restaurant a réussi le pari de nous proposer de déjeuner et de dîner dans le noir le plus total tout en étant servis par des non voyants.
Passage obligé par le vestiaire où vous êtes prié de laisser tout ce qui est susceptible d'être lumineux : briquets, montres et portables. Vous rejoignez ensuite le maître de cérémonie. En liaison permanente avec ses serveurs, il leur annonce l'arrivée des nouveaux venus. Le rideau s'écarte alors et votre serveur non voyant apparaît. Il vous prend par la main et vous fait entrer dans cette salle totalement noire.
C'est à cet instant précis que vous comprenez son handicap et que sans lui vous ne pouvez plus rien faire et surtout pas demi-tour.
En vous dirigeant vers votre table, vous entendrez immanquablement : « Quelqu'un sait où sont les viennoiseries sur la table ? »
« Qui a mis de l'eau dans mon jus d'orange ? » sans oublier quelques couverts et verres qui chutent et se brisent. Une fois assis, vous tentez à tâtons de repérer les couverts, la corbeille à pain, la serviette, et aussi, vous essayez pour la première fois de porter votre verre de jus d'orange jusqu'à vos lèvres sans maculer votre tee-shirt… Outre du jambon et des fromages, la composition du brunch varie régulièrement, le but étant de faire travailler votre odorat et votre goût.
Être plongé dans l'univers des non-voyants pendant toute la durée du brunch reste un moment bouleversant mais qu'étrangement on ne souhaite pas prolonger. On appelle donc le serveur pour être raccompagné au point de départ. Au bar, vous demanderez à voir le plan de la salle pour comprendre le chemin parcouru et deviner l'emplacement des autres tables et, surtout, vous lirez le contenu du brunch surprise pour vérifier que vos papilles sont encore en marche. Puis, vous regagnerez la rue. Dehors, il fait jour.

D'après *Le Guide du brunch à Paris*,
éd. de l'If, 2005.

a) Trouvez des noms possibles pour l'établissement dont on parle. Justifiez votre choix.

....
....

b) Dites si vous avez envie d'y aller et pourquoi.

....
....
....

c) Classez par ordre d'importance les sens les plus sollicités dans ce lieu. Justifiez votre réponse.

....
....
....

d) Écrivez à un(e) ami(e), sur une feuille séparée, pour raconter l'expérience que vous avez vécue en allant dans cet endroit. Évoquez l'originalité du concept, l'ambiance, le service, la cuisine, le prix.

a) Lisez le texte suivant, puis faites la liste des saveurs et des aliments plébiscités par les Français, puis de ceux qui n'ont pas leurs faveurs.

L'hédonisme alimentaire

On trouve en matière alimentaire la traduction d'une recherche plus générale du plaisir. Même s'il faut pour cela transgresser les interdits (une attitude qui peut être en elle-même source de satisfaction) ou commettre quelques excès. La gourmandise n'est plus considérée comme un défaut. C'est ce qui explique, par exemple, l'accroissement du grignotage à tout moment de la journée. Les Français apprécient de plus en plus les saveurs rassurantes qui les replongent dans le monde de l'enfance. L'onctueux, le mou, le sucré et le « tartinable » ont ainsi leurs faveurs. On retrouve ces caractéristiques dans la confiserie, le chocolat, les produits laitiers, les jus de fruits ou les glaces, mais aussi dans de nouveaux produits qui incorporent du sucre (conserves de légumes, plats cuisinés…).

Les saveurs « sauvages » (gibier, viande rouge, aliments amers ou acides), associées à la dimension animale de l'homme, sont en revanche moins bien acceptées. La viande rouge évoque le sang et elle est plutôt consommée hachée ou en tranches fines ; c'est pourquoi les Français tendent à lui préférer la viande blanche. Pour des raisons semblables, les poissons et les volailles sont souvent vendus en morceaux non reconnaissables. Les jeunes trouvent aussi le café trop amer ; en matière de fromages, ils préfèrent les pâtes molles aux pâtes plus fermes. Cependant, certaines textures craquantes, mousseuses, les mélanges sucré-salé et les produits exotiques (le plus souvent adoucis) sont appréciés car ils apportent de nouvelles sensations. La plupart des Français mangent en tout cas trop de sel.

D'après G. Mermet, *Francoscopie*, Larousse, 2007.

S'EXPRIMER (ÉCRIT)

b) Imaginez, en groupes, un menu qui correspondrait aux nouvelles préférences des Français et justifiez votre choix, puis, à l'inverse, un menu qui leur conviendrait peu.

Plat principal + assortiments
Fromage
Desserts

S'EXPRIMER (ORAL)

c) Échangez vos menus. Chaque groupe réagit aux propositions de menus selon les critères des Français.

1

Complétez le texte avec les mots suivants.

gustatives – acide – alimentaires – amer – délicieuse – appétissant – salé – saveur – goût – aliments – doux

Question de goûts

Nos préférences pour certains .... plutôt que d'autres résultent d'une interaction complexe entre plusieurs facteurs incluant des données génétiques, l'âge, les expériences .... précoces, les pratiques culturelles, l'agrément manifesté par l'entourage à l'essai d'un nouvel aliment et les réactions physiologiques suscitées par une nourriture.

Une chose est certaine : dans la détermination de nos choix alimentaires, la .... des aliments exerce une influence des plus contraignantes. Et, bien que nous soyons sensibles aux messages sur la nutrition, nous pensons souvent que manger plus sainement équivaut à manger moins .... Les professionnels de la nutrition peuvent combattre ces idées reçues en assurant qu'une cuisine saine peut aller de pair avec une cuisine

....

Le .... véritable apparaît sur la langue. Nous naissons avec 10 000 papilles .... situées à l'arrière, sur les côtés et sur la pointe de la langue, dans le palais et dans la gorge. Lorsque les cellules des récepteurs gustatifs situés à l'intérieur des papilles sont sollicitées par des stimuli chimiques, elles détectent cinq sensations primitives : ...., ..., ..., ...

et « umami », ce goût piquant-salé du glutamate que l'on trouve dans les aliments riches en protéines et en glutamate de sodium.

D'après www.eufic.org

2

Choisissez la réponse qui convient.

1. Le chocolat noir est :   **a.** acide   **b.** amer   **c.** salé   **d.** sucré
2. La confiture est :   **a.** acide   **b.** amère   **c.** salée   **d.** sucrée
3. Les cornichons sont :   **a.** acides   **b.** amers   **c.** salés   **d.** sucrés
4. Le grain de café est :   **a.** acide   **b.** amer   **c.** salé   **d.** sucré
5. Le saucisson est :   **a.** acide   **b.** amer   **c.** salé   **d.** sucré

3

Choisissez la forme correcte.

Quelques conseils sur la voie du bonheur

1. Vivez pleinement l'instant présent, (pourvu que/autrement) .... vous n'atteindrez jamais la sérénité.

2. (Sauf si/En cas de) .... stress, concentrez-vous sur votre respiration pour retrouver le calme.

3. Chaque instant est unique (quitte à/pour peu que) .... vous vous donniez la peine d'y prendre garde.

4. Profitez de la vie, développez vos cinq sens (au cas où/pourvu que) .... vous ne fassiez pas d'excès.

5. Contrôlez quotidiennement votre alimentation, optez pour une alimentation équilibrée (en cas de/quitte à) .... renoncer à certains aliments tels que gâteaux, sauces et alcools.

6. (Au cas où/Sauf si) .... vous auriez du mal à lâcher prise, inscrivez-vous à des cours de yoga.

7. En règle générale, ne prenez pas de médicaments antidépresseurs (autrement/sauf si) .... votre médecin traitant vous en prescrit.

4

Imaginez une condition restrictive.

Exemple : J'achète toujours des fruits, à moins que... ➜ *J'achète toujours des fruits, à moins que ceux-ci/qu'ils ne soient pas assez mûrs.*

1. Je choisis, comme d'habitude, des frites en assortiment, à moins que ....

....

2. J'apprécie le camembert, à moins que ....

....

3. Je commande en général du beaujolais, à moins que ....

....

4. Un peu de sauce, c'est bon, à moins que ....

....

5

Reformulez les deuxièmes hypothèses soulignées.

Si tu peux voir détruit l'ouvrage de ta vie	Si tu peux voir détruit l'ouvrage de ta vie
Et si, sans dire un mot, tu te mets à rebâtir	Et **que**, sans dire un mot, tu te **mettes** à rebâtir,
Si tu peux être fort sans cesser d'être tendre	Si tu peux être fort sans cesser d'être tendre
Et si, te sentant haï, sans haïr à ton tour,	....
Pourtant tu luttes et te défends ;	....
Si tu peux rester digne en étant populaire	Si tu peux rester digne en étant populaire
Et si tu peux aimer tous tes amis en frères ;	....
Si tu sais méditer, observer et connaître,	Si tu sais méditer, observer et connaître,
Sans jamais devenir sceptique ou destructeur,	Sans jamais devenir sceptique ou destructeur,
Et si tu rêves, sans laisser ton rêve être ton maître,	....
Si tu peux rencontrer triomphe après défaite	Si tu peux rencontrer triomphe après défaite
Et si tu reçois ces deux menteurs d'un même front	....
Alors, tu seras un Homme mon fils	Alors, tu seras un Homme mon fils

D'après Rudyard Kipling, « Tu seras un Homme mon fils ».

6

Reformulez en utilisant *si tant est que*.

1. Apporte le fromage râpé, si par chance il y en a encore dans le frigo.

....

2. Je pense que son gâteau sera bon, si par bonheur elle a bien respecté ma recette.

....

3. Ils devraient dîner ensemble en ce moment, si par bonheur elle est arrivée à l'heure.

....

4. On peut très bien se régaler tout en suivant un régime, si par bonheur on sait cuisiner.

....

1

Échangez.

a) Citez des aliments immangeables pour vous et dites pour quelle raison.

b) Supposez que vous ne puissiez consommer que trois types de mets pendant un an, lesquels choisiriez-vous et pourquoi ?

c) Vous disposez de 1 000 euros à consacrer à quelque chose qui vous comblerait de plaisir... Comment allez-vous les dépenser (un repas dans un bon restaurant, l'achat d'une œuvre d'art, un vêtement, un voyage...) ? Justifiez votre choix.

d) Citez pour chaque domaine un exemple de création qui vous enchante et expliquez pourquoi.
- peinture/sculpture
- musique
- littérature
- cinéma
- architecture

e) Entrez dans l'univers du plaisir. Justifiez vos réponses.
Si on vous dit « odeur », vous pensez à...
Si on vous dit « couleur », vous pensez à...
Si on vous dit « son », vous pensez à...
Si on vous dit « sensation, toucher », vous pensez à...
Si on vous dit « goût », vous pensez à...

2

Prenez connaissance des informations présentes sur ce site Internet.
Sur une feuille séparée, inscrivez votre commentaire puis faites circuler la feuille afin que chacun y inscrive le sien.
La classe choisit le meilleur commentaire.

La Dame de Brassempouy

La Dame de Brassempouy serait le plus ancien visage humain connu, vieux de 25 000 ans. Son surnom vient du nom d'un village des Landes proche des Pyrénées où elle a été trouvée, dans un gisement du paléolithique supérieur. Ce visage est une petite pièce d'ivoire sculpté, haute de 3,5 centimètres environ. Il y a eu d'autres découvertes de statuettes dans cette région mais seule la Dame a un visage. Et un charme qui en fait une des plus belles et émouvantes œuvres d'art du monde.

Il y a 25 000 ans, un artiste a célébré avec les outils d'époque la beauté et la jeunesse. Il y a 25 000 ans, « âge des cavernes barbare et sauvage », un artiste a sculpté sur un minuscule morceau d'ivoire une trace d'humanité et de mystère...

Commentaires d'internautes
Christian : Ce beau visage m'a particulièrement ému.

Tête féminine dite « la Dame de Brassempouy » ou « la Dame à la capuche », vers 21 000 av. J.-C.

3

Aidez Sonia à faire son devoir, envoyez-lui vos idées, vos définitions.

Envoyer maintenant   Options ▾   Insérer ▾   Catégories ▾

Au secours ! Je sèche littéralement ! J'ai un devoir de philo à faire pour la semaine prochaine
et je manque cruellement d'inspiration ! Le sujet, c'est :

« Qu'est-ce qu'une œuvre d'art ? »

Pourriez-vous me donner quelques idées, quelques définitions... ? Merci d'avance !

Sonia

....
....
....
....
....

4
COMPRENDRE

Lisez le point de vue d'un célèbre critique gastronomique.

Dans les années 1925-1930, des cuisiniers ont eu l'idée d'injecter du jus de chevreuil dans un gigot de
mouton avant cuisson, en se disant que ce serait meilleur, que cela aurait le goût d'un chevreuil.
La science est terriblement diabolique. La cuisine n'exprime pas l'intelligence, elle exprime des sensations,
de la sensualité, ce qui est dans notre cœur, dans nos tripes, mais pas dans notre cerveau. Le cerveau
vient bien après. Les émotions, c'est cela la cuisine. Les moyens apportés par l'industrie risquent de
démolir son esprit d'origine. Actuellement, on propose des saveurs de cèpe, de truffe blanche, de girolle,
de morille. Un coup de fil et la fiole arrive. Ceux qui vendent cela sont tous issus de l'industrie ou de la
parfumerie. C'est diabolique ! À partir du moment où il n'est plus besoin d'avoir un bon cèpe pour se
régaler, un cèpe de seconde qualité sera additionné d'un arôme de bon cèpe. Mais alors, où est la cuisine ?

Christian Millau, *Le Figaro magazine*, 13/10/07.

a) Reformulez le problème soulevé dans ces quelques lignes.

....
....
....
....

S'EXPRIMER (ÉCRIT)

b) Sur une feuille séparée, donnez votre point de vue sur la question dans l'espace réservé aux lecteurs du *Figaro magazine*.

DES MOTS ET DES FORMES

1

Complétez les extraits de critiques gastronomiques avec les articles suivants.

le – la – les – l' – un – une – des – de – du

1. ..... summum du bonheur ! ..... vrai délice ! ..... cuisine de roi, ... addition très digeste et ..... sourire de la jolie patronne en prime.

2. Vous n'avez pas ce qu'on appelle ..... grosse faim mais tout simplement ..... envie et ..... curiosité de découvrir ..... nouveaux concepts en matière de cuisine, alors ..... adresse suivante a tout pour vous plaire.

3. ..... lieu à éviter par excellence ! ..... service interminable et ..... prix prohibitifs et, comble de malheur : le peu qu'on vous sert est immangeable !

4. ..... cuisine inventive, pleine de trouvailles, ... plats qui enchantent les papilles... Que ..... bonheur !
Cela mérite bien ..... 15 sur 20.

5. C'est ..... découverte de l'année ! Oui, j'ose le dire : ..... restaurants comme ça, on n'en trouve pas tous les jours ! Un conseil : dépêchez-vous d'y aller.

2

Répondez en donnant des précisions, comme dans l'exemple.

Exemple : — Je sens une odeur de gâteau, non ?
— Oui, c'est l'odeur du gâteau que les enfants viennent de faire.

1. Tu as bien mis des restes de viande dans le potage ?

....

2. Ce n'est pas un son de cloche qu'on entend au loin ?

....

3. Oh ! J'entends un rire de bébé !

....

4. Regarde, j'ai trouvé une clé de voiture !

....

3

Identifiez les personnages suivants : associez chaque métaphore à sa traduction en langage courant.

1. une perle	**a.** Il est très savant.
2. un pique-assiette	**b.** Il entraîne le groupe.
3. une brebis galeuse	**c.** Il n'a pas l'air aimable.
4. une flèche	**d.** Il est porteur de mauvaises nouvelles.
5. la cinquième roue de la charrette	**e.** Il est source de problème et engendre la discorde.
6. une porte de prison	**f.** Il est intellectuellement très brillant.
7. un puits de science	**g.** Il est inutile.
8. un oiseau de mauvais augure	**h.** Il est un traître.
9. un judas	**i.** Il se rend à un dîner sans y avoir été invité.
10. une locomotive	**j.** Il a des qualités exceptionnelles.

Lisez le texte suivant et répondez.

a) Dites de quoi il est question exactement (quel est le thème).

....

b) Identifiez la métaphore qui est filée* pour évoquer ce thème.

....

* *Métaphore filée* : image servant de comparaison implicite tout au long d'un texte.

c) Soulignez tous les éléments du texte qui ont contribué à construire cette métaphore.

Attention ! Une épidémie mondiale est en train de se propager à une allure vertigineuse. L'OMB (Organisation mondiale du bien-être) prévoit que des milliards de personnes seront contaminées dans les dix ans à venir.

Voici les symptômes de ce terrible fléau :
- Tendance à se laisser guider par son intuition personnelle plutôt que d'agir sous la pression des peurs, idées reçues et conditionnements du passé.
- Manque total d'intérêt pour juger les autres, se juger soi-même et s'intéresser à tout ce qui engendre des conflits.
- Perte complète de la capacité de se faire du souci (cela représente l'un des symptômes les plus graves).
- Plaisir constant d'apprécier les choses et les êtres tels qu'ils sont, ce qui entraîne une disparition de l'habitude de vouloir changer les autres.
- Désir intense de se transformer soi-même pour développer ses potentiels de santé, de créativité et d'amour.
- Attaques répétées de sourire, ce sourire qui dit « merci » et donne un sentiment d'unité et d'harmonie avec tout ce qui vit.
- Ouverture sans cesse croissante à l'esprit d'enfance, à la simplicité, au rire et à la gaieté.

Si vous voulez continuer à vivre dans la peur, les conflits, la maladie et le conformisme, évitez tout contact avec des personnes présentant ces symptômes.

Ce mal est extrêmement contagieux. Si vous présentez déjà des symptômes, sachez que votre état est probablement irréversible. Les traitements médicaux chimiques peuvent faire disparaître momentanément quelques symptômes, mais ne peuvent s'opposer à la progression inéluctable du mal.

Aucun vaccin anti-bonheur n'existe.

Comme ce mal provoque une perte totale de la peur de mourir qui est le pilier central des croyances de la société matérialiste moderne, des troubles sociaux graves risquent de se produire, tels que grèves de l'esprit belliqueux, rassemblements de gens heureux pour chanter, danser et célébrer la vie, cercles de partage et de guérison, crises collectives de fou rire.

Dr Christian Tal Schaller, www.cheztom.com

1

a) Lisez la nouvelle « Le croissant du trottoir » et caractérisez, sur une feuille séparée :

- la thématique (évocation de faits exceptionnels ou ordinaires) ;
- le mode de narration (qui raconte ? comment est établi le lien avec le lecteur ?) ;
- les effets produits sur le lecteur (distanciation ou identification ?) ;
- la leçon de vie que l'on pourrait tirer de cette lecture.

LE CROISSANT DU TROTTOIR

On s'est réveillé le premier. Avec une prudence de guetteur indien on s'est habillé, faufilé de pièce en pièce. On a ouvert et refermé la porte d'entrée avec une méticulosité d'horloger. Voilà. On est dehors, dans le bleu du matin ourlé de rose : un mariage de mauvais goût s'il n'y avait le froid pour tout purifier. On souffle un nuage de fumée à chaque expiration : on existe, libre et léger sur le trottoir du petit matin. Tant mieux si la boulangerie est un peu loin. Kerouac mains dans les poches, on a tout devancé : chaque pas est une fête. On se surprend à marcher sur le bord du trottoir comme on faisait enfant, comme si c'était la marge qui comptait, le bord des choses. C'est du temps pur, cette maraude que l'on chipe au jour quand tous les autres dorment.

Presque tous. Là-bas, il faut bien sûr la lumière chaude de la boulangerie – c'est du néon, en fait, mais l'idée de chaleur lui donne un effet d'ambre. Il faut ce qu'il faut de buée sur la vitrine quand on s'approche et l'enjouement de ce bonjour que la boulangère réserve aux seuls premiers clients – complicité de l'aube.

– Cinq croissants, une baguette moulée pas trop cuite !

Le boulanger en maillot de corps fariné se montre au fond de la boutique, et vous salue comme on salue les braves à l'heure du combat.

On se retrouve dans la rue. On le sent bien : la marche du retour ne sera pas la même. Le trottoir est moins libre, un peu embourgeoisé par cette baguette coincée sous un coude, par ce paquet de croissants tenu de l'autre main. Mais on prend un croissant dans le sac. La pâte est tiède, presque molle. Cette petite gourmandise dans le froid, tout en marchant : c'est comme si le matin d'hiver se faisait croissant de l'intérieur, comme si l'on devenait soi-même four, maison, refuge. On avance plus doucement, tout imprégné de blond pour traverser le bleu, le gris, le rose qui s'éteint. Le jour commence, et le meilleur est déjà pris.

P. Delerm, « Le croissant du trottoir » dans *La Première Gorgée de bière et autres plaisirs minuscules*, Gallimard, 1997.

b) Complétez la fiche de lecture de *La Première Gorgée de bière et autres plaisirs minuscules*. Aidez-vous de la biographie de l'auteur, de sa bibliographie et de la courte présentation de l'ouvrage ci-dessous. Respectez le plan indiqué.

Biographie de Philippe Delerm

Il est né le 27 novembre 1950.

Il est professeur de lettres au collège Marie-Curie, à Bernay.

« J'ai eu une enfance très heureuse, très riche en présences affectueuses, et je crois qu'une des principales raisons qui m'ont poussé à écrire, c'était de vouloir donner à mon tour quelque chose en échange, et comme en remerciement. Mes parents étaient instituteurs dans des petits villages de la région parisienne où avaient vécu les peintres impressionnistes (Auvers-sur-Oise, Louveciennes). Mais ils étaient d'origine méridionale (Tarn-et-Garonne) et j'ai toujours passé mes vacances dans le Sud-Ouest, près de Moissac. J'aimais beaucoup la lecture et le sport.

Plus tard, j'ai rencontré à la faculté de Nanterre celle qui allait devenir ma femme, Martine. Elle aussi était très attachée à l'enfance. Nommés tous les deux professeurs dans l'Eure en 1975, nous avons trouvé à Beaumont-le-Roger un rythme de vie qui nous a permis de nous consacrer à la fois à notre métier d'enseignant et à nos rêves de création. Tous ces petits détails biographiques expliquent assez bien je crois les deux pôles autour desquels gravitent mes pages : d'un côté, le guetteur d'enfance et de mémoire, de l'autre le buveur de petits instants découpés dans le présent. »

http://www.ac-rouen.fr

Bibliographie
Romans

La Cinquième Saison, Éd. du Rocher, 1983.

Un été pour mémoire, Éd. du Rocher, 1985.

Le Buveur de temps, Éd. du Rocher, 1987.

Autumn, Éd. du Rocher, Prix Alain-Fournier, 1990.

Les Amoureux de l'Hôtel de Ville, Éd. du Rocher, 1993.

Mister Mouse, Éd. du Rocher, 1994.

Sundborn ou les Jours de lumière, Éd. du Rocher, Prix des Libraires, 1996.

Il avait plu tout le dimanche, Gallimard, 2000.

Le Portique, Gallimard, 2002.

La Sieste assassinée, Gallimard, 2001.

Enregistrements pirates, Éd. du Rocher, 2004.

La Première Gorgée de bière et autres plaisirs minuscules de Philippe Delerm
92 pages pour 34 petites nouvelles ou historiettes qui racontent la vie de (presque) tous les jours avec beaucoup de poésie sous la plume de Philippe Delerm. Toutes ces petites histoires (« Lire à la plage », « Le dimanche soir », « Le Tour de France », « On pourrait presque manger dehors ») sont rendues poétiques et merveilleuses. Il suffisait d'y penser : raconter la vie en rendant ces choses de la vie les plus banales... les plus jolies.

FICHE DE LECTURE

Présentation de l'auteur et de ses écrits, genre de l'œuvre

....
....
....
....
....

Développement
Reprendre ici les particularités dégagées en a).

L'ouvrage « La Première Gorgée de bière » comprend 34 petites nouvelles telles que : « Le croissant du trottoir », « l'odeur des pommes », « La première gorgée », « Prendre un porto » ....
....
....
....
....
....

Conclusion
Faire part de son ressenti personnel.

....
....
....
....
....

La vie au quotidien

1 _____ **COMPRENDRE**

a) Lisez les deux pages du document suivant et le petit texte informatif, identifiez-en la nature et précisez qui l'a produit et dans quel but.

....

....

....

....

1/

MARSEILLE
SAMEDI 10 NOVEMBRE 2007
MANIFESTATION CONTRE ITER

12 h ➤ **PIQUE-NIQUE** Porte d'Aix

14 h ➤ **DÉPART DU CORTÈGE** Direction LA PRÉFECTURE

18 h ➤ **CONFÉRENCE-DÉBAT** THÉÂTRE MAZENOD 88, rue d'Aubagne
*avec différents intervenants dont Roland Desbordes de la
CRIIRAD et Stéphane Lhomme du réseau Sortir du nucléaire.*

ITER *est un projet dangereux pour l'homme et l'environnement.*
Utilisation de tritium, déchets radioactifs, etc.

ITER *est un honteux gaspillage d'argent.*
Au moins 10 milliards d'euros pour des chances de succès quasi nulles.

ITER *est une erreur majeure.*
Nous vous appelons à rejoindre le collectif STOP-ITER pour demander
l'abandon de ce projet nucléaire irresponsable et le réinvestissement
de ces milliards d'euros vers les énergies renouvelables
et les économies d'énergie.

Réseau Sortir du nucléaire

Contact :
Site (départs groupés…)
www.stop-iter.org

STOP-ITER
04 90 07 30 92 – 04 90 08 00 64
stop.iter.mediane@free.fr

L'accord ITER met sur pied l'organisation internationale ITER qui est chargée de faire construire et d'exploiter un réacteur expérimental reproduisant la réaction physique – la fusion – qui se produit dans le Soleil et les étoiles. ITER devrait le faire à une échelle et dans des conditions qui démontreront la faisabilité scientifique et technologique de la fusion comme source d'énergie pour l'avenir.

2/

ITER : UN PARI DANGEREUX RUINEUX ET PERDU D'AVANCE
Un réacteur qui ne produira pas d'électricité mais... en consommera beaucoup !

➤ DANGEREUX

« Les 2 kg de tritium dans ITER correspondent à la radioactivité de Tchernobyl et pourraient tuer 2 millions de personnes. »

Matatoshi Koshiba, Prix Nobel de physique 2002

• **ITER** *laissera plus de 33 000 tonnes de déchets rendus radioactifs par le tritium et les neutrons. Le démantèlement doit s'achever en 2120, ce sera sûrement bien plus tard... et à la charge de nos descendants.*

• Le centre nucléaire de Cadarache est situé sur la faille d'Aix-en-Provence-Durance, la plus active de France et à proximité de celle de Trévaresse qui a causé le plus grave séisme enregistré en France (Salon, Lambesc, 1909).

• *De l'aveu des autorités, de nombreux bâtiments et zones de stockage de déchets radioactifs de Cadarache ne sont pas aux normes de sûreté, en particulier pour les séismes.*

• Il n'existe pas de « plan communal de sauvegarde » pourtant exigé par le décret 1156 du 13/09/2005. Rien ne pourra limiter les conséquences d'un accident nucléaire.

➤ RUINEUX

• ITER, c'est au moins 10 milliards d'euros pour une expérience de 400 secondes aux chances de succès quasi nulles (techniquement inabouti). C'est aussi 467 millions d'euros pour la région PACA !

• **ITER** *ne va pas produire d'électricité, mais en consommer énormément durant ses 20 ans de fonctionnement.*

• ITER, c'est aussi la ruine de notre environnement : déforestation, dégradation du paysage de Fos à Cadarache pour la construction d'une large route pour les convois monumentaux qui amèneront les différents morceaux d'ITER.

➤ PERDU D'AVANCE

• L'époque des projets pharaoniques est révolue. Les véritables projets d'avenir seront économes en énergie et moins destructeurs pour la planète. ITER est déjà obsolète avant de voir le jour.

• **ITER** *est un luxueux programme de recherche réservé aux pays riches et très peu créateur d'emplois.*

• Le tritium entre dans la composition des bombes thermonucléaires, dites « H ». ITER intéresse les militaires et aggrave la prolifération des armes nucléaires.

• *De très nombreux scientifiques de renom sont contre ITER : P.-G. de Gennes et Matatoshi Koshiba, tous deux prix Nobel de physique (1991 et 2002). Mais aussi C. Allègre, S. Balibar, Y. Pomeau, J. Treiner, R. Dautray (ex-patron CEA).*

• Avec l'argent d'ITER, la France pourrait s'engager vers une sortie du nucléaire. Avec 467 millions d'euros, notre région pourrait produire, par des énergies propres et diversifiées, une partie importante de ses besoins sans compromettre la vie des Provençaux ni celle des générations à venir. Et cela créerait beaucoup plus d'emplois. Voilà des projets d'avenir !

• **ITER** *sonne le glas des véritables énergies du futur.*

Association Médiane Pertuis
Réseau « Sortir du nucléaire »
Collectif STOP-ITER

b) Sur une feuille séparée, rédigez un texte à paraître dans le quotidien *Nice matin* pour convaincre les lecteurs de se joindre au mouvement. Aidez-vous du tableau *Stratégies pour... défendre une cause*, p. 103 du manuel.

DES MOTS ET DES FORMES

1

Complétez le texte avec les mots suivants. (Un même mot peut être utilisé plusieurs fois.)

bureau(x) de vote – tour – élu – suffrages – électeurs – scrutin – élections – voix – isoloir – participation

---

M. Sarkozy a été proclamé président de la République par le Conseil constitutionnel.

Jean-Louis Debré, président du Conseil constitutionnel, a officiellement proclamé, jeudi 10 mai, Nicolas Sarkozy président

de la République française, ... avec 18 983 138 millions de ...., soit 53,06 %

des .... exprimés et 4,7 % des .... inscrits.

Le Conseil constitutionnel, organisateur et juge de l'.................................. présidentielle, s'est réjoui du bon déroulement

de l'.................................. 2007 et du « nombre infime d'incidents constatés ». Après vérification des opérations des

.... des 22 avril et 6 mai dans 64 000 ...., le Conseil a annulé 4 589

.... après le premier ...., et 826 seulement pour le second

.................................., un nombre inférieur à celui des .... précédentes et particulièrement

remarquable pour un .... où la .... a été très large (83,97 %).

M. Debré a expliqué que les principales causes d'annulation ont été l'absence d'.................................., le défaut de contrôle

d'identité ou l'absence d'émargement et enfin le refus de mettre à disposition des ...., le procès-verbal

du ....

Le Figaro, 12/05/07.

2

Mettez en relief les éléments soulignés dans les commentaires suivants.

Exemple : Pour les parents, le respect de l'autorité est important en tant que valeur reçue.
➜ *Pour les parents, ce qui est important en tant que valeur reçue, c'est le respect de l'autorité*

1. Les parents privilégient en priorité le respect d'autrui en tant que valeur à transmettre à leurs enfants.

....

2. Le goût du travail en tant que valeur fait défaut aux jeunes générations.

....

3. Les parents placent l'honnêteté en tête des valeurs à transmettre à leur progéniture.

....

4. La génération adulte considère le sens de la famille comme une valeur importante à transmettre à la génération suivante.

....

5. Le respect d'autrui n'est plus considéré par les jeunes générations comme une valeur importante.

....

6. Les jeunes sont attachés prioritairement à leur épanouissement personnel.

....

7. Les parents ne jugent pas la foi en Dieu comme une valeur importante à transmettre à leurs enfants.

....

8. Le patriotisme n'est pas considéré comme une valeur importante à transmettre aux jeunes générations.

....

Reformulez les éléments soulignés. Utilisez un participe simple ou composé ou bien un gérondif.

Exemple : Comme je suis de gauche, je voterai pour le candidat de gauche.
→ _Étant de gauche, je voterai pour le candidat de gauche._

Propos d'électeurs

1. J'étais vraiment indécis, mais à la réflexion, je vais plutôt voter pour les Verts.

....

2. Je veux faire un vote conscient : je vais aux meetings des principaux candidats.

....

3. Je ne voterai pas parce que je ne suis pas intéressé par la politique.

....

4. Moi, je pense manifester mon mécontentement : je vais déposer un bulletin blanc dans l'urne.

....

5. Moi, je voterai pour le candidat de l'opposition, j'ai la ferme conviction que lui seul pourra sortir notre pays de la crise.

....

Complétez avec le participe présent ou l'adjectif verbal.

1. monter

   a. La popularité .... du candidat centriste lui vaut d'être le favori au deuxième tour.

   b. La popularité du candidat centriste ...., celui-ci devient le favori au deuxième tour.

2. hésiter

   a. Les syndicats .... à poursuivre la grève, ils ont demandé une entrevue au ministre.

   b. Le gouvernement a opposé une grande fermeté face à l'attitude .... des syndicats.

3. convaincre

   a. À l'issue d'une prise de parole .... du candidat écologiste, les sondages indiquent qu'il recueillerait 10 % des voix.

   b. Le candidat écologiste a présenté son programme, ... son auditoire de l'urgence d'adopter des comportements écologiques au quotidien.

4. sortir

   a. La candidate .... a reconnu sa défaite.

   b. .... d'une réunion nocturne épuisante, les députés ont cependant repris les débats dès le matin.

5. saisir

   a. La ministre de la Santé, de la Jeunesse et des Sports, ... l'occasion qui lui était donnée de s'exprimer sur ce sujet, a déclaré que des mesures sévères allaient être prises à l'encontre du dopage sportif.

   b. La ministre de la Santé, de la Jeunesse et des Sports a fait une .... déclaration au sujet du dopage sportif.

1

Sur une feuille séparée, faites le commentaire du tableau statistique suivant.

Exemple : En France, c'est la lutte contre le chômage qui, toutes tendances confondues, compte le plus pour le choix du candidat à l'élection présidentielle.

Les motivations du vote des Français
Question : Parmi les thèmes suivants, quels sont ceux qui comptent le plus dans votre choix du candidat à l'élection présidentielle[1] ?

	Sympathisants de gauche PC/PS/DVG/Verts		Sympathisants de droite UDF/UMP/MPF	
	%	Rang	%	Rang
La lutte contre le chômage	49	1	46	1
L'amélioration de l'école et l'enseignement	40	2	30	5
L'amélioration du pouvoir d'achat	32	5	32	3
Le financement du système de protection sociale (retraites, santé…)	31	6	32	3
La protection de l'environnement	35	4	24	7
La lutte contre la pauvreté	36	3	19	9
La lutte contre l'insécurité	17	7	36	2
La politique fiscale, les impôts et les taxes	13	8	26	6
La lutte contre l'immigration clandestine	6	11	23	8
L'avenir des services publics	11	9	8	10
L'intégration des minorités dans la société	9	10	7	11
Sans opinion	2		1	

1. Le total des % est supérieur à 100 %, les personnes interrogées ayant pu donner trois réponses.   G. Mermet, *Francoscopie*, Larousse, 2007.

2

Un accompagnateur bénévole de SNC (Solidarités nouvelles face au chômage) répond aux questions d'un journaliste. Lisez son témoignage ci-contre.

a) Reconstituez l'interview. Replacez les questions suivantes dans l'article.

Questions
1. Que diriez-vous à une personne qui envisage de rejoindre SNC ?
2. Quel plaisir peut-on y prendre ?
3. Qu'est-ce qu'un bénévole ?
4. Que peut apporter SNC à un membre bénévole jeune ?
5. Quel bonheur peut-on avoir à être bénévole ?

b) Répondez au mél suivant. Vous pouvez vous aider des réponses de Paul.

Envoyer maintenant   Options ▼   Insérer ▼ Catégories ▼

Je suis étudiant en dernière année de pharmacie et, comme je dispose de temps libre, j'hésite entre me trouver un stage de développement personnel ou m'engager en tant que bénévole dans une association. Pourriez-vous m'éclairer dans mon choix ? Merci d'avance.
Gilles

Envoyer maintenant   Options ▼   Insérer ▼ Catégories ▼

....
....
....
....
....

www.snc.asso.fr

Le témoignage de Paul
Paul est accompagnateur dans l'organisme SNC (Solidarités nouvelles face au chômage).

a. ....

Je crois qu'être bénévole, c'est avant tout « faire passer les autres avant soi-même ». Ce principe n'est pas propre aux bénévoles, mais heureusement commun à de nombreux métiers qui nécessitent une part d'engagement vis-à-vis des autres ou de la société ; mais, dans le bénévolat associatif, qu'il soit d'ordre social, culturel ou autre, ce principe semble être le principe de base. Tout découle de cette ouverture aux autres.

b. ....

Tout d'abord, il est fondamental d'y trouver un plaisir ; on peut être très motivé pour accomplir une chose sans pour autant y trouver plaisir, mais je crois par contre que, pour réussir parfaitement ce que l'on fait et plus particulièrement dans le bénévolat associatif, il est indispensable d'y prendre du plaisir !

c. ....

C'est d'abord le plaisir de donner… de donner quoi ? Son aide, ses connaissances, son accueil, son sourire. C'est aussi le plaisir de partager et surtout de recevoir, et ce que l'on reçoit est souvent d'une infinie valeur, que ce soit un sourire, un merci, une confiance rétablie envers soi ou les autres. C'est aussi le plaisir d'être en proximité avec la personne, celui de rencontrer l'humain, non seulement dans sa détresse, mais aussi de découvrir la confiance, souvent l'amitié qu'on réussit parfois à susciter chez la personne aidée ou accompagnée. Cet accompagnement est un acheminement, côte à côte, accompagné et accompagnateurs, permettant à l'accompagné exclu plus ou moins profondément du monde du travail de retrouver confiance en lui, de redécouvrir ses valeurs ou ses compétences, de quelque niveau qu'elles soient, et de retrouver ainsi tous les atouts pour sortir du mauvais pas du chômage.
Quel plaisir réel de voir tout à coup apparaître un sourire chez quelqu'un qu'on a parfois récupéré très bas ou totalement « paumé » et découragé dans ses démarches de recherches d'emploi.
Alors, qu'attendez-vous pour nous rejoindre dans notre plaisir d'être bénévole ?

d. ....

Un des gros problèmes pour ceux de nos générations est le manque de disponibilité (en temps et d'esprit) de gens confrontés à une vie professionnelle souvent harassante. On en est souvent réduit, pendant le temps libre à « se changer les idées » plutôt qu'à entreprendre une activité plus constructive. Parallèlement, face à des sollicitations très nombreuses, on a tendance à se disperser dans des activités pas toujours satisfaisantes.
Ceux qui sont mariés ou qui ont une vie de famille consacrent prioritairement leur temps libre à des activités avec le conjoint ou les enfants. Les célibataires, quant à eux, sont souvent happés par une multitude d'activités (compensatrices ?), qui traduisent certains besoins, manques et aspirations mais n'y répondent pas toujours bien !
Une chose me paraît importante : on s'engage dans une activité associative aujourd'hui parce qu'on y trouve quelque chose pour soi-même. L'utilité du projet, bien que nécessaire, est loin d'être suffisante. Les activités associatives sont aujourd'hui en concurrence avec les activités de développement personnel qui fleurissent dans tous les sens !

e. ....

1. C'est un lieu de rééquilibrage par rapport à certaines activités et valeurs : Dans le monde du travail et de l'entreprise, le sens final de l'action est souvent obscur, la logique économique et financière a tendance à reléguer la personne au second plan et ne plaide pas pour les valeurs de générosité, solidarité, respect des personnes. Dans l'activité d'accompagnement, l'action a un sens lisible, la personne est au premier plan, les valeurs humaines ont leur place.
2. C'est un lieu de formation, de réalisations, de développement personnel : SNC peut offrir un cadre différent, compensateur, ou complémentaire du cadre professionnel et des réseaux amicaux, pour le développement ou l'exercice de compétences difficiles à exprimer en ces lieux : on est autonome et libre, on prend des décisions, on est responsable, on s'engage, on acquiert ou développe des compétences relationnelles utiles dans différents aspects de la vie.

3
S'EXPRIMER (ORAL)

Répondez aux différentes questions, échangez vos points de vue.

Forum de classe	**1.** Êtes-vous bénévole ou aimeriez-vous le devenir ?
	2. Quelles sont, selon vous, les principales motivations pour devenir bénévole ?
	3. On a l'habitude de dire que « tout travail mérite salaire ». Alors, pourquoi faire du bénévolat ?

DES MOTS ET DES FORMES

1

LEXIQUE

Associez chaque figure de style à sa définition.

une litote – un euphémisme – une métaphore

1. Figure qui consiste à masquer une réalité trop cruelle ou trop crue. → ....

2. Figure qui consiste à faire entendre beaucoup en disant le moins possible. → ....

3. Figure qui consiste à mettre en parallèle deux termes possédant une caractéristique commune mais sans terme de comparaison pour les relier. → ....

2

LEXIQUE

Lisez les propos de ce blogueur et faites la liste des euphémismes cités et de leur traduction en langue « neutre ».

Discussion : **Euphémisme et langue de bois**

Rédigé par **Papydom**
le 27 janvier 2005
à 09:55

➤ Dans une grande entreprise de transport public que je ne nommerai pas, on ne parle plus de handicapé, mais de PMR (personne à mobilité réduite) ou d'UFR (usager en fauteuil roulant).

Dans la même entreprise, comme dans beaucoup d'autres, on a honte de parler d'ouvriers – comme si c'était une maladie ! – et on les nomme désormais opérateurs.

Et je ne reviendrai pas sur les balayeurs, qui se sont transformés en techniciens de surface il y a vingt ans...

....
....
....
....

3

LEXIQUE

Dites ce que signifient les euphémismes suivants.

1. Il nous a quittés en septembre. → ....

2. C'est un fervent admirateur de belles femmes. → ....

3. Il a un solide appétit. → ....

4. Il est d'un âge avancé. → ....

5. Il rencontre quelques difficultés dans ses études. → ....

4

LEXIQUE S'EXPRIMER (ÉCRIT)

Dites ce que signifient les litotes suivantes, puis, par deux, contextualisez-les dans de courts échanges.

1. Tu n'es pas très doué ! → ....

2. Je ne pense pas pouvoir venir. → ....

3. Vous n'êtes pas vraiment un gentleman ! → ....

4. Il n'est pas dans le besoin. → ....

5. C'est vraiment pas mal. ➡ ....

6. J'aimerais autant que vous ne fumiez pas. ➡ ....

7. Ce n'est pas vraiment de bon goût. ➡ ....

8. C'est une contre-vérité que vous me dites là. ➡ ....

9. Il n'a guère le cœur à l'ouvrage. ➡ ....

5

Complétez cet extrait d'interview d'une personne célèbre avec les adjectifs placés avant ou après le nom comme il convient.

– Vos héros ?

– J'admire les .... hommes .... (grands) qui ont marqué l'histoire, tels que Louis XIV

ou Napoléon, ce .... homme .... (petit) au .... destin

.... (unique) qui a réalisé de si .... choses .... (grandes).

Oui, j'ai un faible en général pour les .... hommes .... (braves).

– Vos plus grands rêves ?

– Mon .... rêve .... (unique) s'est réalisé. J'ai eu un .... des-

tin .... (curieux) : mes parents étaient des .... gens ....

(braves) mais sans le sou et le .... garçon .... (petit) que j'étais, grâce à sa

.... volonté .... (farouche) a réussi à bâtir son .... empire

.... (propre).

– Votre genre de femme ?

– Je n'aime pas les femmes soumises, je préfère les .... têtes .... (fortes), celles qui

me résistent un peu, les intellectuelles, les .... femmes .... (curieuses) de tout.

– Ce que vous ne supportez pas chez les autres ?

– Les .... ongles .... (sales) ! C'est affreux ! Autrement, moralement, je supporte mal

l'hypocrisie, les .... compliments .... (faux) que certains trouvent bon de me faire !

6

Trouvez les homonymes correspondant aux deux définitions.

Exemple : animal / contenant
➡ *le ver / le verre*

1. qui ne débouche sur aucun résultat / nombre ➡ ....

2. herbe aromatique / sanctuaire religieux ➡ ....

3. arbre / aliment ➡ ....

4. géniteur / qui marche par deux ➡ ....

5. arbre / entité ➡ ....

6. étendue d'eau / sorte de peinture ➡ ....

7. on y danse / on la lance ➡ ....

8. chemin / plus ou moins grave ➡ ....

9. génitrice / étendue d'eau ➡ ....

1

Lisez les documents et répondez aux consignes 1, 2 et 3, p. 111 du manuel.

Extraterrestres, l'impossible contact

L'Univers porte en lui l'espérance de la vie. En douze ans, plus de 200 planètes ont été découvertes en dehors de notre système solaire. *«Notre seule galaxie – et il en existe des milliards – contient 200 à 300 milliards d'étoiles, et tout laisse penser que nombre d'entre elles sont, comme notre Soleil, environnées de planètes»*, ajoute Yves Sillard. Ancien directeur général du CNES et ancien directeur général de l'armement, il souligne que *«l'objectif du satellite français Corot lancé fin 2006, qui sera suivi, dans deux ans, du satellite américain Kepler, est de mettre en évidence l'existence de telles planètes autour des étoiles les plus proches de notre galaxie».* Autant de nouveaux espoirs pour ce scientifique, qui n'a pas craint de diriger récemment un ouvrage collectif sur les phénomènes aérospatiaux non identifiés. En effet, ce serait bien le diable si l'une de ces planètes ne portait pas, au moins, quelques traces de vie passée…

Pour les exobiologistes comme André Brack, une telle découverte marquerait une étape décisive. *«L'existence d'un deuxième exemple d'apparition de la vie dans l'Univers suffirait pour démontrer que ce processus n'est pas unique»*, souligne-t-il. Mais de quelle vie s'agira-t-il ? Sera-t-elle plus ou moins évoluée que sur Terre ? Saurons-nous la reconnaître, pourrons-nous communiquer avec elle ?

La création de l'Univers remonte à 13,7 milliards d'années. Notre système solaire, lui, est né il y a 4,4 milliards d'années. *«Entre ces deux dates, de nombreuses planètes équivalentes à la nôtre ont pu être le siège de l'apparition de bactéries capables d'évoluer vers des systèmes intelligents»*, poursuit le chercheur. De plus, la vie sur Terre n'est pas apparue tout de suite, mais environ un milliard d'années après sa formation. L'existence de civilisations très avancées car très antérieures à la nôtre est donc plausible. *«Il n'est pas impossible d'imaginer que la vie soit apparue sur quelques-unes des planètes extrasolaires avec dix siècles, cent siècles, voire mille siècles d'avance sur ce qui s'est passé sur Terre»*, renchérit Yves Sillard. Pour favoriser une rencontre du troisième type, deux pistes s'offrent alors à nous. Chacune présentant toutefois quelques obstacles.

La première concerne la recherche active d'une intelligence extraterrestre aussi supérieure que lointaine. L'étoile extra-solaire la plus proche de nous étant située à 4,4 années-lumière de la Terre, un message émis par radio (se propageant donc à une vitesse proche de celle de la lumière) mettrait respectivement 4,4 et 20,5 années pour atteindre la civilisation qui s'y trouverait. Au mieux, la réponse arriverait donc neuf ans après la question.

Ces difficultés n'ont pas découragé les promoteurs de plusieurs projets, tel le programme américain SETI (Search for Extra-Terrestrial Intelligence) qui guette les manifestations extraterrestres depuis le radiotélescope portoricain d'Arecibo. Mais sans résultat pour le moment.

Faut-il alors se rendre sur place ? *«Pour un être humain, il est envisageable dans un avenir à moyen terme,*

Laissez-moi vous dire ce que je pense : Je suis persuadé qu'ailleurs, il y a d'autres bocaux, avec une vie intelligente comme la nôtre.

Frank Modell, 1987, *The New Yorker Magazine.*

en touchant les limites imposées par la physique, d'atteindre une vitesse dix fois inférieure à celle de la lumière, soit 30 000 km par seconde», précise Yves Sillard. D'où un voyage de 44 ans pour rejoindre la planète extrasolaire la plus proche. *«Bien sûr, la durée des missions dépassera celle de la vie humaine»*, ajoute ce polytechnicien, que le défi ne semble pas du tout rebuter. *«Ce seront les descendants des membres des équipages qui parviendront à destination. Mais ce n'est pas du tout impossible.»* À condition, bien sûr, de vraiment le vouloir.

La seconde option inverse la contrainte du voyage. Des extraterrestres, dont la civilisation serait très largement en avance sur la nôtre, pourraient avoir réussi à aller plus vite que la lumière, ou bien à courber l'espace-temps – les deux seuls moyens que nous puissions imaginer, dans l'état actuel de nos connaissances théoriques, pour réduire la durée des vols spatiaux. Dès les années 1950, le physicien Enrico Fermi avait énoncé le paradoxe découlant de cette hypothèse : si des extraterrestres sont en mesure de venir jusqu'à nous, nous devrions les voir. Or nous ne les voyons pas... Et l'existence même des vaisseaux spatiaux qui les auraient menés sur Terre reste très hypothétique.

Non pas que les témoignages fassent défaut. Au contraire. Depuis que le CNRS a créé en 1977, malgré le scepticisme de la communauté scientifique, le Groupe d'études et d'informations sur les phénomènes aérospatiaux non identifiés (Geipan), ils ne cessent d'affluer. Parmi eux, dans 10 à 20 cas, il y a selon ces experts une «très forte présomption» de l'intervention d'un objet matériel tel qu'un vaisseau. Cela se traduit par des traces sur le sol et la végétation qui pourraient avoir été laissées par un atterrissage, la détection de l'objet sur les écrans des radars, ou encore l'observation, par des pilotes, de comportements «intelligents» de l'ovni.

Pourquoi, alors, aucune trace physique de ces visiteurs n'a-t-elle jamais été retrouvée? *«Avec nos moyens actuels d'analyse, nous serions pourtant en mesure de certifier – ou non – l'origine extraterrestre de ces phénomènes»*, regrette André Brack. Le sociologue Pierre Lagrange, spécialiste des parasciences, stigmatise l'anthropomorphisme qui marque souvent les investigations en matière d'ovnis. Alors qu'on les imagine petits, verts, ou plus ou moins monstrueux, les extraterrestres, s'ils existent, sont peut-être infiniment différents de nous...

«Plus ils seront capables de maîtriser leur environnement, plus ils seront éloignés de nous à la fois par la culture, la science, la biologie et sans doute le physique», estime-t-il. Cela ne les empêcherait pas forcément de prendre l'initiative et, forts de leur avance, de trouver le moyen de communiquer avec nous. Mais encore faudrait-il qu'ils trouvent un intérêt quelconque à ce dialogue... *«Nous pouvons très bien être le babouin de quelque anthropologue extraterrestre, dont nous ne sommes pas près de comprendre le programme de recherche!»* suggère le sociologue. Nos scientifiques eux-mêmes ont-ils véritablement envie de communiquer avec les abeilles ou les fourmis, ou seulement de les étudier ?

Si nous voulons espérer, à l'avenir, nous sentir moins seuls dans l'Univers, sans doute faut-il donc compter avant tout sur nos propres facultés d'observation. Et les développer. *«Sur Terre, chaque fois que nous avons été confrontés à d'autres civilisations, nous ne les avons pas comprises»*, rappelle Pierre Lagrange. Il existe pourtant bien peu de différences entre nous et les Aborigènes d'Australie ou les Indiens d'Amazonie. Dans ce contexte, se demande-t-il, *«serait-on capable de voir et de reconnaître des civilisations issues de formes de vie pouvant avoir pris des directions totalement différentes de la nôtre?»* C'est là toute la question.

Michel Alberganti, *Le Monde*, 04/11/07.

DES VÉRITÉS SECRÈTES ET CACHÉES AU GRAND PUBLIC SONT ICI. ICI, ON VOUS LE DIT.

Le 5 novembre 1990 , 400 ovnis ont survolé la France, certains engins faisaient entre 1 à 3 km de long. Plus de mille témoins sur toute la France. **Des engins extraterrestres ont volé au-dessus de la France ce jour-là. LA VÉRITÉ EST LÀ !**
Alors que le phénomène ovni bat son plein sur Terre depuis plus d'un demi-siècle et que l'exploration spatiale officielle piétine depuis plus de trente ans, cette élite mondiale a réussi à nous maintenir dans la croyance que nous sommes seuls dans le système solaire et avec bien peu de probabilité de pouvoir un jour communiquer avec d'autres intelligences. Or, ces « autres intelligences » sont là autour de nous et nous observent vraisemblablement depuis des temps immémoriaux... certaines d'entre elles se sont déjà manifestées discrètement et attendent patiemment que certains feux verts s'allument dans nos consciences.

D'après www.ovni007.com

La vie au quotidien

1

a) Lisez le document suivant et identifiez-en les auteurs et le but visé.

....

....

http://www.paysdelours.com

Bienvenue au pays de l'ours

Leurs arguments – Nos réponses
Le débat pour – contre
Afin de faire entendre leur point de vue, les opposants à l'ours n'hésitent pas à user des arguments les plus alarmistes, niant le plus souvent la réalité et toutes les études réalisées.
Voici donc nos réponses à leurs arguments, point par point.

➤ Sécurité
Leur argument : Risque d'accidents mortels et sécurité des personnes utilisatrices de la montagne (professionnels, habitants, vacanciers).
Notre réponse : L'ours brun est une espèce pacifique et craintive de l'homme. Depuis cent cinquante ans, jamais un ours n'a attaqué un homme dans les Pyrénées. Depuis dix ans que des ours ont été réintroduits en Pyrénées centrales, aucun incident.
D'autres espèces représentent un danger potentiel plus important : serpents, guêpes et frelons, par exemple.

➤ Coût et financement
Leur argument : Gaspillage des fonds publics, coûts exorbitants liés à l'introduction et au suivi des ours, à la protection des troupeaux et à l'indemnisation des dégâts, insuffisance des crédits disponibles dans les caisses de l'État.
Notre réponse : Le programme Ours représente en valeur annuelle le coût de trois ronds-points sur une route nationale, c'est-à-dire un coût absolument négligeable pour le budget de l'État. Avec plus de cent emplois financés ou cofinancés (équivalent à cinquante-cinq emplois à temps plein), le bilan du programme ours est très largement positif pour l'économie pyrénéenne. Si le programme Ours devait s'arrêter, la plupart de ces emplois seraient instantanément supprimés.

➤ Biodiversité
Leur argument : L'ours brun n'est pas en voie d'extinction dans le monde. Sa présence importante dans le massif menacera tout un pan de la biodiversité pyrénéenne.
Notre réponse : Si chaque pays raisonnait ainsi, seul le dernier serait tenu de conserver une population de chaque espèce... Chaque pays se doit de conserver les espèces vivant sur son territoire. De par des engagements internationaux et des directives européennes, la France doit conserver une population viable d'ours bruns.
L'ours brun est partie intégrante de l'écosystème pyrénéen dont il ne bouleverse pas les équilibres. On ne peut pas en dire autant de l'homme.

http://www.paysdelours.com

▶ Responsabilité

Leur argument : Responsabilité des élus locaux, des maires en particulier, en cas d'accident.

Notre réponse : Ce point important a été parfaitement éclairci par une étude juridique intégrée au texte du plan de restauration de la population d'ours. La responsabilité des élus locaux est d'autant moins engagée que l'ours est une espèce protégée dont la gestion relève donc directement de l'État.

▶ Les ours slovènes

Leur argument : Les ours slovènes sont plus grands, plus prédateurs, plus prolifiques que les ours pyrénéens.

Notre réponse : Les ours slovènes et pyrénéens sont exactement de la même espèce, et de la même lignée. Ils sont en tous points semblables : taille, alimentation, reproduction, attitude vis-à-vis de l'homme...

Concernant la prédation, les ours réintroduits tuent en moyenne 1,6 brebis par attaque, exactement comme les ours pyrénéens. S'ils attaquent un peu plus fréquemment, cela s'explique par une moindre protection des troupeaux en Pyrénées centrales. Toutefois, le record est détenu par un ours pyrénéen, Camille, qui aurait tué près de 200 brebis en un été en Espagne où les troupeaux sont également moins protégés.

▶ Acceptation locale

Leur argument : Les populations locales rejettent l'ours qui est défendu par les citadins. L'acceptation grandit avec l'éloignement des Pyrénées.

Notre réponse : Tous les sondages réalisés montrent l'acceptation locale de l'ours, y compris en zone de montagne. De même, les manifestations en faveur de l'ours ont fortement rassemblé dans les Pyrénées : + de 1 000 personnes à Saint-Gaudens le 27 mai 2000 ; + de 2 000 personnes à Oloron-Sainte-Marie le 28 novembre 2004, suite à la mort de Cannelle. Enfin, la pétition des associations en faveur de l'ours a rassemblé plus de 125 000 signatures, dont une forte proportion d'origine pyrénéenne.

▶ Histoire, culture et patrimoine

Leur argument : Nos ancêtres se sont débarrassés de l'ours, ce n'est pas pour le réintroduire aujourd'hui.

Notre réponse : Nos ancêtres ne se sont pas débarrassés de l'ours. Ils auraient pu le faire, s'ils en avaient eu la volonté, comme cela a été le cas pour le loup qui a été éradiqué des Pyrénées au début du XXᵉ siècle. Or, il reste des ours autochtones dans les Pyrénées occidentales, et le dernier des Pyrénées centrales n'a disparu qu'au début des années 1990.

Nos ancêtres ont chassé l'ours parce que cela rapportait de l'argent. C'était une ressource du territoire comme une autre. Si les éleveurs réclamaient la chasse des individus trop prédateurs, les bergers ont toujours accepté la présence d'ours peu prédateurs.

Il est incompréhensible de prôner la disparition de l'espèce à l'époque où nous avons enfin les moyens, techniques et financiers, de cohabiter.

S'EXPRIMER (ÉCRIT)

b) Vous êtes président du comité des éleveurs pyrénéens et vous rédigez un article contre l'introduction des ours.
À l'aide des informations données dans le document, rédigez l'article sur une feuille séparée en respectant le plan proposé, p. 117 du manuel (Stratégies pour...).

D8

1

Complétez avec les mots suivants.

rites – costume – ethnographique – musique – artisans – kermesses – coutumes – culture – traditions – objets – folklore – répertoire – instrument – locales – danse

---

Lei Messuguié de Castèunoù

http://www.paysdegrasse.free.fr

Le groupe folklorique des cueilleurs de ciste (messuguié) de Châteauneuf est un atelier de .... provençale qui

fête la Provence et ses .... La .... est l'activité principale : on y pratique entre autres

la polka, la mazurka, le rigodon et le quadrille. La .... traditionnelle de Provence est jouée par un tambourinaire

qui joue de manière indissociable de deux instruments, le galoubet, petite flûte en bois à trois trous et le tambourin,

.... à répercussion qui marque le rythme. Le .... n'est pas seulement provençal mais

très éclectique, qui s'étend du Moyen Âge à nos jours. Le .... est celui que portaient les paysans et

.... de la région au milieu du xixe siècle.

Pour le jeune âge il existe un atelier d'initiation à la langue, aux danses et .... locales. «Lei Messuguié» animent

les fêtes .... à la demande et leur prestation est de grande qualité et haute en couleurs. Ils participent aussi aux

.... et fêtes privatives. Ils pratiquent sur des thèmes tels que les moissons, les .... du

mariage, de Noël, etc. Ce groupe de qualité a été invité à plusieurs festivals de .... tant français qu'étrangers.

«Lei Messuguié» sont à l'origine de collecte d' .... traditionnels régionaux qui permet la création d'un musée

local .... actuellement situé au bureau de l'office de tourisme de Pré-du-Lac.

2

Remplacez les expressions soulignées par une autre expression convenant au contexte.

(ne pas) être dans son droit – être en droit de – s'adresser à qui de droit – avoir droit à – avoir le droit de

1. Comme vous arrivez systématiquement en retard, (j'ai la possibilité d') .... opérer des retenues

sur votre salaire.

2. Étant dans l'entreprise depuis trois ans déjà, (je peux bénéficier de) .... dix jours de RTT.

3. (J'ai contacté la bonne personne) .... et j'ai obtenu gain de cause sur-le-champ.

4. Comme (j'avais tort) ...., j'ai préféré me taire !

5. (On peut) .... fumer uniquement à l'extérieur, sur le trottoir.

3

Faites correspondre les éléments des trois colonnes. (Plusieurs réponses sont parfois possibles.)

Questions à un député de l'opposition

N'êtes-vous pas un peu sévère	du côté de	la politique gouvernementale actuelle ?
Quel est votre sentiment	à côté de	vos adversaires ?
Quelle est votre opinion	vis-à-vis de	la victoire ?
Allez-vous vous ranger	face à	ceux qui réclament l'abrogation de la loi ?

4

Un grand projet de construction d'une usine de retraitement des déchets en périphérie de la ville est à l'ordre du jour du conseil municipal. Choisissez parmi les répliques suivantes celle qui convient le mieux à chaque intention des locuteurs.

1. Je m'inscris en faux ! Un tel projet ferait fuir tous les touristes !

2. J'ai étudié dans le détail le dossier et je puis vous dire que je n'ai pas d'argument à opposer à ce projet.

3. Ma sensibilité d'écologiste me pousse plutôt à ne pas adhérer à un tel projet qui risquerait d'être une source de nuisances.

4. Devant l'importance de la décision à prendre, j'exige que nous fassions appel à un expert.

5. Nous ne savons plus que faire de nos déchets, alors vous ne serez pas étonnés si je vous dis que ce projet a toutes mes faveurs.

6. En tant qu'élu, je n'ai eu de cesse de défendre les intérêts de mes administrés, c'est pourquoi je pense que ce projet favoriserait le développement économique de la région.

a. Un élu exprime une revendication. → ....

b. Un élu exprime son opposition ferme. → ....

c. Un élu exprime un simple désaccord. → ....

5

Remplacez les expressions soulignées par une expression de sens équivalent contenant l'un des pronoms indéfinis suivants : (Faites les changements nécessaires.)

tous – tout – toute(s) – tout le monde

1. Ils ont voté à l'unanimité en faveur du projet.

....

2. Elle est complètement bouleversée à la suite de son échec aux dernières élections.

....

3. Le candidat de l'opposition a fait le maximum pour être réélu.

....

4. Les communes ont dans leur intégralité manifesté leur hostilité au projet régional.

....

5. Les gens sont satisfaits des décisions qui ont été prises.

....

6

Complétez avec les pronoms et adverbes indéfinis suivants.

partout – certains – chacun – quiconque – rien ne – nulle part ailleurs – on – d'autres – personne ne

Triste exception française !

Aujourd'hui, ... s'avise de prendre les transports en commun, s'aperçoit bien vite que presque .... marche dans la capitale. Parmi les usagers, ... ont dû même renoncer à aller travailler, ... ont pris leur voiture ou marchent à pied. Bref, ... se débrouille comme il peut ! .... échappe à la désorganisation. Et .... dans les rues, ... peut voir d'énormes embouteillages. Oui, la grève des transports est une exception bien française car .... vous ne trouverez une telle anarchie !

1

Lisez l'article suivant.

Le délicieux supplice de la dictée

Science des ânes pour les uns, politesse de la langue pour les autres, l'orthographe est une passion – ou une détestation – bien française. Tout le monde la craint, et avec son insupportable acolyte, la dictée, que l'étymologie rapproche de «dictature». Passe encore que l'orthographe empoisonne la vie de l'écolier, mais il y a pire quand on sait que l'adulte n'échappe pas à son despotisme. Lettres de motivation, CV, fax et courriers électroniques trahissent aussitôt l'orthographe hésitante, la grammaire approximative, le laisser-aller coupable… Tout le monde en convient pourtant, l'orthographe française est truffée de pièges, d'archaïsmes et d'incohérences, d'accents superflus et d'exceptions qui confirment la règle, que des générations se sont échinées à repérer et à apprivoiser grâce au Bled. Paradoxalement, face à la dictature de l'accord du participe passé, les Français réagissent par un amour croissant pour la dictée. Avec Bernard Pivot, nommé instituteur national, les voilà qui se confrontent avec plaisir à leur démon en de populaires championnats qui ont transformé le vieil exercice scolaire, à l'époque des pupitres de classe où la plume sergent-major était l'outil indispensable, en hommage à leur langue.

Français ! Notre histoire, nos passions, Larousse, 2003.

a) Justifiez son titre.

....

b) Trouvez des exemples dans le texte qui illustrent :

1. une perception positive de l'orthographe : ....

....

....

2. une perception négative de l'orthographe : ....

....

....

c) Si vous en aviez la possibilité, participeriez-vous aux championnats de la dictée de Bernard Pivot ? Justifiez votre réponse.

....

2

Lisez l'article suivant.

Les pouvoirs publics ont souvent tenté de réformer l'orthographe dans le souci d'une plus grande simplicité. La dernière tentative en date a eu lieu en 1989. Le Conseil supérieur de la langue française préconisait alors de préférer parfois la soudure plutôt que le trait d'union dans certains mots composés : «tirebouchon», «vanupied», «hautparleur». Le pluriel des noms composés devait également être simplifié, on pourrait ainsi écrire «des perceneiges». Dans l'ordre du vocabulaire, les propositions de simplification étaient nombreuses, telles que «exéma», «imbécilité», «bonhommie» plutôt que «imbécillité», «bonhomie», mais aussi «nénufar», «ognon»… L'Académie s'en mêla, trouvant certaines préconisations sans fondement, des syndicats d'instituteurs prirent la parole, et surtout les Français, outrés par ce «grand chambardement». Pour beaucoup on profanait un sanctuaire, pour d'autres on n'allait pas assez loin dans la simplification. Les tenants de la réforme avaient pour argument majeur les difficultés scolaires d'un grand nombre d'élèves, issus des classes populaires, pour lesquels l'orthographe était une barrière sociale supplémentaire. Leurs opposants rétorquaient que l'apprentissage de l'orthographe était une école rigoureuse qui donnait le sens de l'effort. Le projet fut abandonné. L'orthographe pourtant se réforme, mais hors des passions. Dans les dictionnaires, sans tambour ni trompette, le mot «clé» s'est substitué presque naturellement à «clef», dans les stations-service, le «fioul» a remplacé le «fuel».

Français ! Notre histoire, nos passions, Larousse, 2003.

a) Précisez son lien avec l'article précédent et donnez-lui un titre.

....

....

b) Dites quelles personnes ont manifesté leur réserve ou leur hostilité à l'égard de la tentative de réforme de 1989.

....

c) Listez les simplifications orthographiques proposées alors.

....

....

....

d) Sélectionnez les arguments pour et contre la simplification de l'orthographe.

Pour	Contre
....	....
....	....
....	....
....	....
....	....
....	....
....	....
....	....

e) Concernant la réforme de l'orthographe, dites quelle est la situation actuelle.

....

....

f) Donnez votre opinion sur la question. Seriez-vous favorable ou pas à une simplification de l'orthographe du français ? Justifiez.

....

....

....

....

....

....

DES MOTS ET DES FORMES

1

Complétez la grille avec l'antonyme de chaque terme donné.

vertical
1. léger
2. réalisme
3. victoire
4. amour
5. défendu

horizontal
a. commencement
b. avare
c. supérieur
d. force
e. régression

2

Remplacez les mots et expressions soulignés par leur contraire.

1. **Ralentissement** notoire de la croissance au 1er trimestre

2. **Promulgation** de la loi en faveur de l'immigration choisie

3. Les grévistes sont à présent **majoritairement** pour la poursuite de la grève.

4. **Présence** remarquée du chef de l'État à l'ONU

5. **Deux coureurs colombiens en tête** du classement

6. AUDITION DES TÉMOINS **DE LA DÉFENSE** DÈS L'OUVERTURE DU PROCÈS

1. ....
2. ....
3. ....
4. ....
5. ....
6. ....

3

Des antonymes se sont glissés dans ces deux discours et en déforment le sens. Corrigez-les.

1. *J'ai entamé une phase de concertation superficielle avec l'ensemble des partenaires sociaux. Chacun a pu s'exprimer de manière contrainte. Chaque rencontre a permis d'apporter des précisions utiles et des compléments illusoires.*

....
....
....

2.

> *Pour contourner nos objectifs, le projet de loi prévoit des mesures abstraites qui s'organisent autour de trois grands axes : l'école doit développer la méfiance de tous les élèves, assurer la médiocrité du service public de l'éducation, et se refermer sur ses partenaires, l'Europe et le monde.*

....
....
....

4   LEXIQUE

a) Soulignez les expressions familières qui se sont glissées dans le texte.

b) Remplacez-les par des expressions plus appropriées au registre de langue.

Compte-rendu d'une séance de conseil municipal

Les participants ont été invités à se poser autour de la table à 10 heures mais l'adjoint au maire étant à la bourre, la séance a commencé avec une demi-heure de retard. Il s'agissait de jacter sur le bien-fondé de la création en centre-ville d'un parking souterrain. En effet, il est devenu de plus en plus difficile de se garer, rapport au nombre croissant de véhicules circulant en plein centre et nombre d'automobilistes en ont plein le dos de tourner en rond pour trouver une place. Les avis divergeant, la séance a vite pris une tournure houleuse et les élus se sont engueulés au point que monsieur le maire a dû suspendre la séance et l'assistance s'est barrée sans avoir pu voter.

....
....
....
....

5   COMMUNICATION

Expliquez en quoi consiste le comique de ces « perles » d'hommes politiques et reformulez ce qu'ils voulaient dire.

1. Voici que s'avance l'immobilisme et nous ne savons pas comment l'arrêter.

....
....

2. Nous étions au bord du gouffre mais nous avons fait un grand pas en avant.

....
....

3. (À propos de la Corse.) Je n'imagine pas une seconde cette île séparée du continent.

....
....

4. Je ferai tout ce qui est en mon pouvoir pour éluder cette affaire.

....
....

DES MOTS ET DES FORMES

6

Complétez le texte avec les pronoms suivants.

ce qui – qui – chacun – où – celui qui – grâce auquel – lui – dont – que – y – à qui – rien

Hommage au « dico »

Jadis, posséder un dictionnaire, c'était tenir entre ses mains un objet précieux

…………………………… l'on feuilletait avec dévotion pour

…………………………… trouver un univers de mots et d'images. À toute la

famille il apprenait le monde …………………………… il semblait ne

…………………………… ignorer et …………………………… y trouvait

son bonheur.

L'école, les magazines, la télévision se sont substitués à ……………………………

dans cette fonction de dispensateur de la connaissance sauf en

…………………………… concerne la langue ……………………………

il reste le maître.

Il est le juge et l'arbitre suprême …………………………… tranche sur le sens

d'un mot, …………………………… on demande la confirmation d'une orthographe, …………………………… on gagne la

partie de Scrabble. En un mot, il est …………………………… lève les doutes et rassure les Français.

Français ! Notre histoire, nos passions, Larousse, 2003.

7

Complétez avec l'articulateur qui convient.

Autour de la langue française

1. L'Acadie (l'actuelle province canadienne de Nouvelle-Écosse), peuplée de nombreux Français, fut cédée en 1713 à l'Angleterre qui entreprit de les expulser (donc/parce que/au cas où) …………………………… ils avaient refusé de faire allégeance à la couronne britannique.

2. (De peur que/Afin que/Bien que) …………………………… l'anglais progresse à l'échelle mondiale, le français résiste et continue d'exercer son influence au sein des principales organisations internationales.

3. Les Marseillais ont un accent chantant (alors que/ainsi/si bien que) …………………………… les Parisiens ont un « parler pointu ».

4. (Tandis que/À moins que/Pour que) …………………………… le dictionnaire devienne objet du quotidien, il faudra attendre que deux hommes, chacun de leur côté, le mettent à la disposition du grand public : Émile Littré et son *Dictionnaire de la langue française* puis Pierre Larousse avec le *Nouveau Dictionnaire de la langue française*.

5. Le français parlé au Québec s'est tenu éloigné de l'évolution du français de métropole, (quoique/afin que/c'est pourquoi) …………………………… beaucoup d'expressions nous paraissent désuètes et charmantes, telles que « magasiner » pour faire des courses ou bien encore « un char » pour une voiture.

6. (Car/Si/Sans que) …………………………… vous n'avez jamais entendu parler d'un exercice de style dénommé « lipogramme », lisez *La Disparition*, un roman de Georges Perec. Il s'agit d'un roman de 300 pages dans lequel il n'utilise jamais la lettre *e* !

1

Simulation

a) Préparation

Formez des groupes de trois ou quatre journalistes pour fabriquer le bulletin radiophonique d'une station française. Choisissez trois photos et imaginez l'information (réelle, plausible ou fantaisiste) que vous allez développer à ce sujet.

Votre intervention doit comprendre :

– l'explicitation des faits (quoi ? où ? quand ? etc.);
– un ou deux témoignages « à chaud » de particuliers ou de journalistes.

b) Exécution

Un premier groupe est tiré au sort pour passer à l'antenne. Le reste de la classe (les auditeurs) écoute le bulletin et prend des notes.

Un deuxième groupe passe à l'antenne et les auditeurs prennent des notes.

c) Compte-rendu

Les auditeurs rédigent à la maison le compte-rendu d'un des deux bulletins en respectant le plan proposé, p. 125 du manuel.

D9

La vie au quotidien

1

COMPRENDRE

a) Dégagez la problématique sous-jacente à chaque information donnée par les titres de presse suivants.

Exemple : Au cours des quarante dernières années, la quantité d'ordures ménagères a doublé en France.
➜ Quelles mesures prendre pour que la France ne croule pas sous les ordures ? Où en est le pays en matière de recyclage des déchets ?

1. De plus en plus d'entreprises délocalisent les emplois dans les pays en voie de développement.

....

2. Un molosse blesse mortellement une enfant de deux ans.

....

3. Vives altercations entre les partisans et les adversaires des cultures transgéniques.

....

4. Depuis cinquante ans, l'espérance de vie croît d'un an tous les cinq ans.

....

5. Grande première chirurgicale : une patiente s'est fait greffer la moitié du visage.

....

S'EXPRIMER (ÉCRIT)

b) Réagissez en quelques lignes à un de ces problèmes dans les pages consacrées au courrier des lecteurs.

....
....
....
....
....

2

COMPRENDRE

a) Reconstituez l'article ci-contre. Dites quel paragraphe correspond à chaque partie du plan suivant.

Plan

1. Annonce le sujet. paragraphe .....
2. Rapporte un événement. paragraphe .....
3. Fait part de son expérience personnelle. paragraphe .....
4. Explique son désaccord. paragraphe .....
5. Compare la situation passée et la situation actuelle. paragraphe .....
6. Alerte/Mobilise. paragraphe .....
7. Conclut. paragraphe .....

Les Français sont-ils prêts à remettre en cause leur mode de vie ?

a ➤ Dans mon cas, je suis mère de trois jeunes enfants et j'habite dans la banlieue de Toulouse, mal desservie par les transports en commun. Je ne vois vraiment pas comment je ferais pour me rendre au supermarché, pour accompagner mes enfants à l'école, pour rendre visite à ma mère en centre-ville... si je n'avais pas de véhicule personnel.

b ➤ Dans le passé, les villes se construisaient autour d'un centre (la mairie, l'église, la poste et quelques commerces) permettant de satisfaire l'ensemble des besoins courants des habitants mais la société française actuelle est très différente : les agglomérations sont devenues multipolaires, les pôles (ou quartiers) devant être reliés les uns aux autres par un maillage de voies artérielles destinées à faciliter les échanges. Aujourd'hui, 92 % des foyers des communes rurales disposent d'au moins un véhicule. Et il y en a encore 77 % dans les agglomérations de plus de 100 000 habitants ainsi qu'en Île-de-France. La seule exception notable est la ville de Paris avec un taux de 45 % qu'il faut donc nettement distinguer de l'ensemble de la région parisienne.
Ces chiffres ne surprendront personne. Ils confirment que l'automobile est au cœur du mode de vie des Français.

c ➤ Curieux mode de fonctionnement que celui d'un pays démocratique comme la France où «les minorités agissantes» visent à imposer leur point de vue par le «politiquement correct». Non, les automobilistes ne sont pas les criminels et les pollueurs comme on veut bien nous le faire croire, ils ont tout simplement choisi un mode de vie qui correspond à des aspirations démocratiques qui ont pour nom liberté et autonomie.

d ➤ Hier encore, j'ai vu à la télé une émission qui mettait en exergue la pollution et les accidents pour dire aux Français qu'ils doivent changer le mode de vie qu'ils ont choisi et laisser leur voiture au garage.

e ➤ Si les minorités s'organisent et agissent pour imposer leur vision du monde, la majorité a le droit de se défendre. Il faut pour cela que chacun :
• soit informé de la réalité de la situation et des problèmes rencontrés ;
• prenne conscience que l'enjeu concerne son mode de vie et sa liberté de circuler ;
• ait la possibilité de s'exprimer et de faire connaître son point de vue.

f ➤ Lorsque l'on écoute le bruit médiatique et les diverses déclarations, on ne peut qu'être frappé par la diabolisation du couple que constituent l'automobiliste et son automobile. Que cherchent ceux qui sont à l'origine de cette diabolisation ? Tout simplement à marginaliser l'automobile. Les automobilistes français doivent prendre au sérieux cette position idéologique d'une minorité qui veut attenter à leur mode de vie.

g ➤ Non, je ne suis pas d'accord avec ceux qui prétendent que les Français sont esclaves de leur voiture ; la configuration de nos villes est telle que l'automobile constitue un moyen de transport indispensable à un foyer parce qu'il permet le porte-à-porte :
• sans contrainte d'horaire ;
• avec des enfants ou des personnes handicapées ;
• avec des charges lourdes ou volumineuses.

TNS-Sofres.

S'EXPRIMER (ÉCRIT)

b) Et vous, seriez-vous prêt(e) à vous passer de voiture ?

....
....
....
....
....
....

DES MOTS ET DES FORMES

1

LEXIQUE

Formulez une appréciation avec un adverbe et un adjectif.

*Exemple : Le téléphone portable... c'est **absolument nécessaire**.*

1. Une robe de haute couture ....

2. Un hôtel de luxe pour chiens ....

3. Un repas dans un restaurant gastronomique ....

4. Un porte-parapluie lumineux ....

5. Des abribus chauffés ....

6. Un GPS ....

2

GRAMMAIRE

a) Complétez les répliques avec un adverbe.

*Exemple : Le général de Gaulle ? Je l'admire.... **énormément**.*

1. Je sais .... que tu mens !

2. Et bien sûr, je l'ai .... remercié !

3. J'ai été .... critiqué.

4. Il a .... objecté que ce projet n'était pas viable.

5. Je ne peux pas lui pardonner, je le hais .... !

6. Surveillez-le .... !

7. Tu connais .... le sujet.

S'EXPRIMER (ORAL)

b) Imaginez un contexte pour chacune de ces répliques et interprétez une des saynètes à deux.

3

GRAMMAIRE

Complétez le début de cet article sur l'évolution des langues dans le monde en mettant les verbes entre parenthèses à l'imparfait, au présent, au futur ou au futur antérieur. (Attention aux formes passives.)

3 000 langues en voie de disparition

D'ici un siècle, la moitié des langues actuellement parlées (oublier) .... et, avec elles, une partie du génie humain ; entre-temps, le monde (se mettre) .... à l'anglais.

Environ 6 000 langues (parler) .... sur Terre. Combien en (rester) .... -t-il à la fin du siècle ?

Le rythme de la disparition (s'accélérer) .... D'ici un siècle, la moitié des langues parlées actuellement (disparaître) .... ; ce (être) .... une estimation basse.

En Australie et sur le continent américain, cette proportion (être) .... bien plus élevée, de l'ordre de 90 %. Avant l'arrivée des Blancs, 300 langues (parler) .... dans ce que (être) .... aujourd'hui les États-Unis. En 1992, il n'y en (avoir) .... plus que 175 utilisées par au moins une personne. On (estimer) .... que cinq seulement (survivre) .... à la fin du XXIᵉ siècle. Même l'avenir du navajo (être) .... incertain, et pourtant ce (être) .... la langue indigène qui (avoir) .... le plus de locuteurs, environ 120 000.

Colette Grinevald, *Le Monde*, hors-série, oct. 2007.

4

À partir des notes chronologiques suivantes, rédigez une présentation de la télévision en France. Mettez en valeur son passé, son importance grandissante et son avenir.

1935	1re émission officielle de la télévision française le 26 avril à 20 h 15.
1949	1er journal télévisé.
1952-1964	La Radio Télévision Française (RTF), monopole d'État, propose sur son unique chaîne, en noir et blanc, des émissions très populaires (*La Piste aux étoiles, La Caméra invisible, Intervilles*) ou culturelles (*La caméra explore le temps*).
1964	La RTF fait place à l'ORTF, organisme visant à contrôler le respect et les obligations de service public. Création de la 2e chaîne.
1967	Apparition de la télévision couleur.
1972	Le 31 décembre, création de la 3e chaîne.
1974	Démantèlement de l'ORTF : on compte désormais 3 sociétés de programmes télévisuels (TF1, A2, FR3).
1984	Création de la première chaîne payante : Canal + (actuellement un foyer sur cinq abonné).
Années 1990	Transformation radicale du paysage télévisuel. Offres payantes élargies (200 chaînes sur le câble ou le satellite). Développement du « zapping » télévisuel.
2001	1re émission de téléréalité : *Le Loft*, gros succès d'audience.

5

Complétez le texte en mettant les verbes entre parenthèses aux temps qui conviennent (indicatif présent, passé composé, imparfait, plus-que-parfait, passé simple, futur et futur antérieur; subjonctif présent et passé). Attention aux formes passives.

Conquête de l'espace

L'idée d'envoyer un objet ou un homme dans l'espace (concevoir) .... par des auteurs de science-fiction des centaines d'années avant que cela ne (être) .... physiquement et matériellement possible. Pendant la deuxième moitié du xxe siècle, avec le développement des moyens de propulsion adéquats, de l'amélioration des matériaux, l'envoi d'une mission dans l'espace (n'être plus) .... un rêve mais une réalité.

Le premier vol spatial (réaliser) .... par la mission soviétique non habitée Spoutnik 1 le 4 octobre 1957 et le premier vol habité par un être humain (avoir lieu) .... le 12 avril 1961 avec le vol orbital du Soviétique Youri Gagarine.

Mus par une compétition acharnée, Américains et Soviétiques (envoyer) .... ensuite plusieurs sondes pour faire des photos de la surface de la Lune. Ce (être) .... un Américain qui (marcher) .... le premier sur la Lune. Tout le monde (avoir) .... encore à l'esprit la célèbre phrase que (prononcer) .... l'astronaute Neil Armstrong le 21 juillet 1969 : « Un petit pas pour l'homme, un grand pas pour l'humanité. »

Entre 1969 et 1972, le programme américain (permettre) .... à douze astronautes de laisser leurs empreintes à la surface de notre satellite et d'y prélever divers échantillons.

Bien qu'elle (conquérir) .... en 1969 puis abandonnée en 1972, la Lune (continuer) .... de nous émerveiller au point qu'on (envisager) .... de s'y installer. Michel Arcando dans *De la Terre à la Lune* roman fictionnel de Jules Verne, (déclarer) .... : « Avant 20 ans, la moitié de la Terre (visiter) .... la Lune. » La réalité (rejoindre) ....-t-elle la fiction ?

1

Lisez le texte suivant.
Listez les différents thèmes évoqués sur une feuille séparée.
Par deux, échangez vos visions de l'avenir à propos de chacun de ces thèmes.
Comparez vos points de vue avec les résultats de l'enquête.

Les Français dans
dix ans

Notre étude (réalisée le 1ᵉʳ février 2006) se penche sur la vision qu'ont les Français de leur avenir et de l'évolution de notre société.

Le premier résultat de cette étude montre une satisfaction élevée des Français vis-à-vis de leur vie actuelle. 80 % d'entre eux se déclarent en effet très ou assez satisfaits de la vie qu'ils mènent et 59 % pronostiquent que cette dernière se sera un peu ou nettement améliorée dans dix ans (à ce titre, seuls 6 % des individus interrogés estiment que leur vie se sera nettement dégradée).

On note sur ce point un optimisme particulièrement marqué chez les moins de 35 ans qui s'avèrent confiants en leur avenir.

En matière de grandes tendances sociétales, l'heure ne semble pas être à une dérive des évolutions scientifiques mais plutôt à un éclatement généralisé des modèles familiaux traditionnels. En effet, sur une liste d'évolutions possibles de la société à dix ans, le fait d'élever seul ses enfants (familles monoparentales) arrive en tête avec 94 % de « crédibilité » (évolution probable ou certaine). Viennent ensuite les mariages entre personnes de couleurs ou de religions différentes (90 %), le fait

pour les enfants d'habiter de plus en plus tard chez leurs parents (90 %), le fait de changer plusieurs fois de conjoint au cours de sa vie (86 %) ou encore la généralisation du mariage homosexuel (81 %). Les sociétés sur le modèle « patriarcal » où plusieurs générations cohabitent sous le même toit ne sont pas vues comme le courant dominant à dix ans avec seulement 48 % de crédibilité. De même, le fait de pouvoir choisir le sexe de son enfant ou le clonage humain ne sont pas des évolutions jugées crédibles à moyen terme.

Invités à se prononcer sur les tendances en matière d'alimentation, les Français voient plutôt une société orientée vers une alimentation industrielle qu'un retour à des produits naturels. Ainsi, si 86 % des Français estiment que nous serons très attentifs à l'alimentation de nos enfants, cela relèverait, semble-t-il, plus d'une façon de pallier les dérives actuelles qu'à un retour à une alimentation saine et équilibrée. 83 % des individus interrogés pensent que nous consommerons de plus en plus de produits industriels tout prêts, contre 56 % estimant que nous mangerons de plus en plus en plus de produits du terroir, de produits traditionnels.

De même, 80 % des individus estiment que nous consommerons de plus en plus d'aliments qui soignent (qui aident à réduire le cholestérol, à contrôler le diabète, par exemple) contre 59 % que nous mangerons de façon équilibrée. Enfin, 70 % des interviewés estiment que nous mangerons de plus en plus d'OGM contre 61 % que nous mangerons de plus en plus de produits bio.

On note par ailleurs que les plus jeunes (18 à 24 ans) semblent avoir intégré la « malbouffe » comme un état de fait puisqu'ils sont moins nombreux à penser que notre alimentation sera équilibrée ou encore que nous mangerons de plus en plus de produits du terroir, de produits traditionnels.

En matière d'évolution possible de notre façon de nous habiller, les pronostics des Français ne s'orientent ni vers une grande originalité, ni vers une uniformisation des styles vestimentaires : car seuls 39 % des Français pensent que nous serons de plus en plus habillés tous pareil et 38 % que nous porterons des vêtements originaux, personnalisés pour chacun de nous. Les véritables nouveautés se situeraient donc plus au niveau des matières utilisées : 86 % des individus interrogés estimant qu'il y aura de nouveaux tissus, avec de nouvelles propriétés ; et de l'augmentation du nombre de créateurs et de marques 66 %, et cela sera d'autant plus important aux yeux des jeunes de 18 à 24 ans : 79 %.

La fidélité à une même entreprise, voire à une même région est définitivement révolue pour les Français qui sont 95 %

à penser que nous changerons certainement ou probablement plusieurs fois de métiers au cours de notre vie et 91 % que nous changerons de région, de pays pour des raisons professionnelles. En matière de conditions de travail, les Français ont une vision assez pessimiste de l'avenir puisque 87 % d'entre eux estiment crédible l'hypothèse d'un développement du travail précaire, avec un risque de chômage accru. De même, 90 % d'entre eux pensent que nous travaillerons plus longtemps, que nous prendrons notre retraite plus tard.

En parallèle, de nouvelles formes de travail se développeront comme le travail à domicile 82 %, ou le travail « sur mesure » plus individualisé 70 %.

Dans un contexte professionnel plus dur, plus tendu, le temps libre sera d'abord consacré à la sphère la plus proche : 76 % des Français estiment ainsi qu'ils prendront plus de temps pour leur famille, leurs proches, leurs amis contre 45 % qu'ils consacreront davantage de temps à des associations, au bénévolat.

Au sein de ce temps libre, les voyages seront plus fréquents mais pour de plus courtes périodes (84 % de crédibilité pour cette hypothèse). Si 76 % des individus pensent que la découverte du monde se fera moins en se déplaçant que grâce à Internet ou à la télévision,

73 % d'entre eux estiment aussi que l'on redécouvrira des manières de voyager traditionnelles comme le bateau, la péniche, le cheval, le vélo ou la marche. Les voyages très longs (de 6 mois à un an) ou très loin (dans l'espace ou dans la Lune) sont aujourd'hui encore peu crédibles (23 % de crédibilité).

Si la découverte du monde se fera avec les nouvelles technologies, ces dernières seront à coup sûr « nomades » : 95 % des individus pensent en effet qu'on pourra regarder la télévision sur le téléphone mobile, les lecteurs nomades (type I-Pod) ou les ordinateurs. De même, tous les achats courants se feront sur Internet pour 93 % des individus. Le vote aux élections par Internet ou par SMS semble même possible pour 83 % des interviewés.

En matière de cadre de vie, la capitale ne fait pas du tout rêver puisque seuls 9 % des interviewés pensent que les Français vivront davantage à Paris ou en région parisienne. Plus encore, 43 % des interviewés pensent que les Français fuiront les grandes villes au profit de la campagne ou des villages, ou encore des petites villes de province pour 39 % d'entre eux.

Si l'Union européenne est l'institution qui aura, selon les interviewés, le plus d'influence sur la vie des Français dans dix ans (78 % de crédibilité), les repré-

sentants des associations de citoyens et de consommateurs arrivent en seconde place (74 %), juste devant les patrons des médias. La sphère économique prendra par ailleurs le pas sur la sphère politique puisque les hommes politiques français n'arrivent qu'après les patrons des grandes entreprises françaises ou étrangères. Les leaders syndicaux arrivent en dernière position.

Lorsqu'ils sont interrogés sur les phénomènes qui auront le plus d'importance sur la façon dont nous vivrons en France dans dix ans, quasiment tous les phénomènes présentés obtiennent des scores élevés (supérieurs à 80 %). Dans l'ordre, le développement des nouveaux moyens de communication aura, semble-t-il, le plus d'influence sur notre façon de vivre. Viennent ensuite le réchauffement de la planète et la diminution des ressources énergétiques, le vieillissement de la population française, le développement de nouveaux médicaments pour guérir le cancer ou encore l'explosion économique des pays d'Asie comme l'Inde ou la Chine.

On note par ailleurs un faible optimisme en matière de réduction des inégalités entre les pays riches et les pays en voie de développement (50 % de crédibilité).

D'après TNS-Sofres.

DES MOTS ET DES FORMES

1

a) Moins d'une centaine de mots d'origine gauloise nous sont parvenus, parmi lesquels *balai, bec, bouleau, bruyère, cervoise, charpente, charrue, chêne, cloche, galet, mouton, sapin.* **Sur une feuille séparée, indiquez par un dessin le sens de chacun (ou imaginez-le puis vérifiez dans un dictionnaire).**

b) Jeu des définitions.

– Partagez la classe en deux. Chaque groupe désigne son candidat ; tous deux sortent de la classe.

– Chaque groupe établit alors une liste de six noms d'origine étrangère qui devront être devinés par leur candidat. (Veillez à ne pas proposer les mêmes noms dans les deux groupes.)

– Les deux candidats regagnent la classe.

Le jeu commence :

– En deux minutes, le premier candidat doit deviner chacun des six noms à partir des définitions que son groupe lui donne. Attention ! Il est interdit de dire par quelle lettre commence et/ou finit le nom et combien de lettres il contient.

– C'est le tour ensuite de l'autre candidat avec son groupe.

– Le groupe gagnant est celui dont le candidat a réussi à deviner les six noms.

NB : En cas de candidats *ex aequo*, on demandera à chacun de préciser l'origine (étrangère) des six noms trouvés.

2

Reformulez la même idée en utilisant le mot entre parenthèses.

Exemple : Si la tendance se poursuit, l'obésité ira grandissant en Europe. (de plus en plus)
➔ *Si la tendance se poursuit, il y aura de plus en plus de cas d'obésité en Europe.*

Dans les années à venir…

1. La population urbaine ne cessera de progresser. Cette croissance aura lieu à 95 % dans les pays pauvres. (toujours plus)

....

2. De nouvelles techniques permettront d'améliorer grandement l'isolation des maisons. (de mieux en mieux)

....

3. Selon l'Organisation mondiale de la santé, le nombre mondial de décès dus au sida devrait passer de 2,8 millions en 2002 à 6,5 millions en 2030. (encore plus)

....

4. En matière de nutrition, le défi sera de nourrir 9 milliards de personnes en 2050 : pour cela, la plus petite parcelle de terre sera exploitée. (la moindre)

....

5. Concernant la réserve d'eau, alors que le nord de l'Europe sera épargné, la situation ira en s'aggravant pour les pays dont les ressources sont faibles. (de mal en pis)

....

6. L'espérance de vie dans les pays industrialisés passera à 90 ans, alors qu'elle est actuellement de presque 80 ans. (encore plus)

....

7. À cause du réchauffement, les zones habitables sur la planète diminueront progressivement. (de moins en moins)

....

3

Complétez les extraits issus du courrier des lecteurs d'un magazine généraliste.

1. Certains automobilistes sont totalement irresponsables : ils conduisent leur véhicule comme si ....

....

2. Il y a hélas de plus en plus de gens qui agissent avec leur chien ou leur chat comme si ....

....

3. Il est urgent d'éduquer la population en matière d'écologie : je vois mes voisins, ils n'éteignent jamais les lumières, ils font

comme si ....

4. Certains parents manquent d'autorité vis-à-vis de leur progéniture, ils se comportent avec eux comme si ....

....

4

Rédigez le commentaire interprétatif du tableau suivant. Utilisez des mots indiquant le changement tels que : *progresser, reculer, augmentation, baisse,* etc.

Consommation moyenne de quelques produits alimentaires par personne.

	1970	1990	2005
Pain (en kg)	80,57	61,69	53,92
Pommes de terre (en kg)	95,57	60,77	71,97
Légumes frais (en kg)[1]	70,44	86,00	87,67
Bœuf (en kg)	15,62	17,11	14,12
Volailles (en kg)	14,20	21,66	20,66
Poissons, coquillages, crustacés (en kg)[2]	9,93	14,36	11,49
Lait frais (en litres)	95,24	66,36	53,87
Fromage (en kg)	13,81	16,65	18,09
Huile alimentaire (en kg)	8,08	11,07	9,66
Sucre (en kg)	20,41	10,06	6,89
Vins courants (en litres)	95,57	44,74	23,73
Bière (en litres)	41,43	40,09	32,44
Eaux minérales et de source (en litres)	39,90	89,97	170,80

1. Y compris légumes, fruits et assaisonnement.
2. Frais et surgelés.

Insee, comptes nationaux base 2000.

COMMENTAIRE

Depuis les années 1970 en France, la consommation de produits alimentaires ....

.... Ainsi, ...

....

.... De même, ...

....

.... Par contre, ...

....

1

Lisez les quatre articles.

Tous accrocs ?

Deux études récentes s'intéressent aux pratiques culturelles de pré-adolescents (10-12 ans), d'adolescents (13-17 ans) et de jeunes adultes (18-25 ans) résidant en Californie, et aux conséquences de celles-ci sur des troubles de comportement (tels que perte de contact avec son entourage, difficulté à se déconnecter, perte de contact avec la réalité, désinvestissement scolaire fort...). Les pratiques au sujet desquelles ont été interrogés les jeunes se rapportent aux jeux vidéo (sur ordinateurs et consoles), à Internet et, en dernier lieu, aux « loisirs technologiques » : télévision, musique, téléphone.

Le premier résultat de ces enquêtes (auprès d'un échantillon total de 1 500 personnes environ) est, bien sûr, que les pratiques diffèrent d'une tranche d'âge à une autre. La pratique des jeux vidéo représente 3 heures par jour pour les pré-ados, 2 heures pour les ados et 1,5 heure pour les jeunes adultes ; Internet respectivement 1 heure, 2 heures et 2 heures ; la télévision respectivement 3,5 heures, 3,5 heures et 2 heures ; la musique 2 heures, 3,5 heures et 3,5 heures ; le téléphone 1 heure, 2 heures et 2 heures. Le total des heures consacrées quotidiennement à ces pratiques s'élève à 10,5 heures pour les pré-ados, 13 heures pour les ados et 11 heures pour les jeunes adultes (en sachant que certaines pratiques peuvent être simultanées, comme être sur Internet et écouter de la musique).

Les pratiques diffèrent aussi légèrement d'un sexe à l'autre : les garçons jouent davantage aux jeux vidéo que les filles, qui pratiquent les loisirs technologiques un peu plus que les garçons. Filles et garçons utilisent autant Internet.

Nuisibles à l'apprentissage

Les petits garçons qui passent trop de temps devant leur console de jeu vidéo dorment mal et voient leur mémoire et leurs capacités d'apprentissage se dégrader. Vos chères têtes blondes viennent de finir leurs devoirs et pour les récompenser, vous décidez de leur autoriser une petite séance de jeu vidéo avant de passer à table. Êtes-vous sûr de bien faire ? Une nouvelle étude allemande vient de montrer que les petits garçons qui se précipitent sur leur console après leurs devoirs retiennent moins bien les leçons qu'ils viennent de réciter. De plus, ils mettront davantage de temps à trouver le sommeil quand viendra l'heure d'aller au lit.

Le docteur Markus Dworak de l'université de Cologne a suivi 11 petits garçons en bonne santé âgés de 12 à 14 ans. Parmi eux, certains avaient pour habitude de jouer à la console de jeu après avoir fait leurs devoirs. Les chercheurs ont évalué l'impact qu'avait cette habitude sur leur apprentissage et leur sommeil. Le verdict n'est pas très encourageant : les jeux vidéo diminuent la capacité d'apprentissage, altèrent la mémoire et affectent le sommeil. Les enfants qui se sont adonnés à ce loisir mettent plus de temps à s'endormir et ont un sommeil moins réparateur.

« L'impact des jeux vidéo sur la santé et le bien-être des enfants est un problème qui ne doit pas être pris à la légère », soulignent les auteurs. Avis aux parents…

D'après Markus Dworak, Thomas Schierl, Thomas Bruns, and Heiko Klaus Strüder, « Impact of Singular Excessive Computer Game and Television Exposure on Sleep Patterns and Memory Performance of School-aged Children », *Pediatrics*, nov 2007, 120 : 978-985.

a) Dites quel est leur point commun et résumez en une question la problématique qui s'en dégage.

....
....
....
....
....

Et si c'était bon pour eux ?

De nombreuses études ont montré que la pratique du jeu vidéo développait diverses compétences. D'abord, la capacité à traiter l'information en parallèle : pouvoir manier plusieurs données à la fois en les contrôlant, et savoir gérer des systèmes d'interruption de tâches (arrêter un processus en cours pour prendre en compte l'urgence, puis revenir à la tâche précédente en la reprenant au bon endroit). Les jeux vidéo améliorent également la gestion de l'inattendu : évaluer une situation et prendre la bonne décision. Ils développent l'art de trouver des données que l'on n'attend pas et de les exploiter. Le sens de l'à-propos, en un mot. Enfin, ils accroissent les capacités d'anticipation. En résumé, ces jeux développent l'adaptabilité à des situations très différentes. Une qualité requise dans le monde du travail actuel. Tout se passe comme si les jeunes sentaient que derrière leur pratique ludique se cache un enjeu plus fondamental de mise en cohérence avec le monde d'aujourd'hui.

Nous avons perdu vingt ans à bâtir le mur du silence. Parce qu'on a tout amalgamé, les bons jeux stratégiques et les jeux de guerre basiques ; parce qu'on s'est perdu dans des débats cliniques (les jeux vidéo donnent des crises d'épilepsie) et moraux (les jeux vidéo apprennent à tuer).

D'après Jacques Perriault interrogé par Pascale Krémer, *Le Monde 2*, n° 141.

Prévenir la délinquance

Bernard Depierre, Lionel Luca et Jacques Remiller, tous trois députés UMP, ont déposé un amendement au projet de loi sur la prévention de la délinquance en cours d'examen à l'Assemblée nationale. Leur proposition vise l'interdiction «totale pure et simple» des jeux vidéo «contenant une incitation directe à des violences sexuelles, à des sévices corporels, à des actes de barbarie et au meurtre». Si l'amendement était voté, il serait interdit «sur le territoire national d'éditer et de diffuser par vente, par location ou par le Net» les jeux en question.

L'idée est de répondre à un récent fait divers qui s'est déroulé en Allemagne, où un jeune homme de 18 ans, réputé adepte de jeux vidéo guerriers, a perpétré un massacre dans son ancien lycée. Évidemment, nos députés n'ont pas trouvé plus fine explication à cet acte de folie que le goût de l'auteur du fait divers pour les jeux vidéo.

S'EXPRIMER (ORAL)

b) À l'aide des informations et/ou arguments contenus dans les quatre articles, ainsi que de vos propres arguments, présentez votre point de vue sur la question.
(Reportez-vous aux conseils donnés, p. 139 du manuel, pour la préparation et l'élaboration de votre intervention.)

....
....
....
....
....
....
....
....
....
....

CORRIGÉS

DOSSIER 1

La vie au quotidien   p. 4-5

1. a2, b1, c4, d6, e3, f7, g5
2. b) Monsieur,
Vous recherchez actuellement une secrétaire bilingue et mon profil correspondant aux critères exigés, je me porte candidate à ce poste. Je suis parfaitement bilingue car j'ai vécu en Allemagne jusqu'à l'âge de quinze ans. Après avoir obtenu le diplôme de l'École supérieure de secrétariat de Paris, j'ai travaillé pendant dix ans au ministère des Affaires étrangères dans différents services comme en témoigne mon CV.
Travailler dans une administration m'a permis d'acquérir une grande rigueur et les multiples contacts professionnels que j'ai eus avec les pays étrangers ont aiguisé mon sens de l'échange.
À présent, je suis désireuse d'exercer mes compétences en entreprise, et ce pour diversifier mon champ d'expérience. Tout en m'adaptant à vos méthodes, je pourrai mettre à profit mon savoir-faire de dix ans dans le domaine du secrétariat.
Dans l'attente d'un prochain rendez-vous que vous voudrez bien m'accorder, je vous prie, Monsieur, d'agréer l'expression de mes salutations distinguées.
3. a) Réponse libre.
b) Réponse libre.

Des mots et des formes   p. 6-7

1. a) 1. fratricide 2. monogame 3. xénophobe 4. équilatéral 5. psychologie 6. polymorphe 7. omnivore 8. mégapole
b) policiers – sol – identité – papiers – passeport – clandestins – identification – origine – laissez-passer – consulats
2. immigrants – pays d'origine – déracinement – langue/culture – culture/langue – mémoire – immigré – communautés – origines – adaptation
3. suis retourné – me semblait – avait – n'étais pas revenu – ai entendu – m'a fait – savais pas – m'avait manqué – étaient assis – frappaient – avait – connaissais – n'avais pas vus
4. 1. À cette époque-là, cet état offrait le droit d'asile à tous ceux qui avaient fui leur pays pour raison politique. 2. À cette époque-là, elle n'avait toujours pas la nationalité française parce qu'elle n'avait engagé aucune démarche pour l'obtenir. 3. À cette époque-là, si j'avais dû émigrer, je serais allé(e) au Canada. 4. À cette époque-là, mon ami m'avait expliqué qu'il avait quitté son pays pour échapper à la misère. 5. À cette époque-là, vous étiez en situation illégale parce que vous n'aviez pas fait renouveler votre passeport.
5. rendu compte – formalisée – demandé – efforcée – succédé – prises – rangés – plainte

Points de vue sur...   p. 8-9

1. a6, b3, c7, d2, e1, f5, g4
2. Réponse libre.
3. Réponse libre.
4. Réponse libre.

Des mots et des formes   p. 10-11

1. a) 2b, 3a, 4c, 1d
b) 1. Je ne peux pas aller au stade parce que j'ai trop de travail ce soir. 2. Mais pour qui te prends-tu ! Je vais te donner une gifle ! 3. Cette histoire me fait honte !
2. 1. T'es où ? 2. Qu'est-ce tu fais ? 3. Je vais au ciné. 4. Elle aime Vincent. 5. J'ai tout bu. 6. À demain
3. était – avait transmis – s'était donc inscrit – avait appris – a exploité – a fait – ont dirigé – a tourné – a échappé – forçait
4. 1. eut vécu – n'avait pas encore achevé ➔ Pascal 2. avait intitulé ➔ Monet 3. fut reçue ➔ Jeanne d'Arc 4. avait épousé – eut accédé ➔ François 1er
5. Amélie Nothomb est née en 1967 au Japon, son père était ambassadeur, baron et écrivain. De 1967 à 1972, elle a passé son enfance au Japon dont elle est restée profondément marquée ; comme elle parlait couramment japonais, elle est devenue interprète. Elle a vécu successivement en Chine, à New York, au Bangladesh, en Birmanie et au Laos. Puis elle a débarqué à dix-sept ans sur le sol de Belgique où elle s'est sentie incomprise et rejetée. Se définissant comme « graphomane », elle écrit depuis l'âge de dix-sept ans.
6. 1. Vous devez attendre dans le couloir jusqu'à ce qu'on vous appelle. 2. Vous êtes en situation illégale tant que vous n'avez pas de titre de séjour. 3. Vous devez attendre trois ans à partir de la date de votre mariage avant de demander à être naturalisé. 4. Voici votre titre de séjour provisoire en attendant que nos services vous délivrent une carte. 5. Il faudra vous présenter à la préfecture aussitôt que vous aurez reçu votre convocation. 6. Votre visa est valable jusqu'à la fin de l'année. 7. Un étranger qui circule sans papier risque d'être arrêté chaque fois qu'il sort dans la rue.

Techniques pour...   p. 12-13

1. René Desmaison (né le 14 avril 1930 en Périgord, mort le 28 septembre 2008 à Marseille).
Alpiniste de renom, il s'était fait connaître aussi bien par ses exploits que par ses livres qui les relataient. Guide de haute montagne, il a réalisé de spectaculaires sauvetages. Entre 1960 et 1970, il est devenu le porte-voix de l'alpinisme en France, notamment en commentant en direct à la radio l'ascension des Grandes Jorasses en janvier 1968. Dur au mal, René Desmaison fut un alpiniste de combat qui a vécu le drame de la montagne : en 1971, il avait perdu son compagnon de cordée et avait lui-même failli mourir.
Son millier d'ascensions à travers le monde fait de lui un des plus grands alpinistes français.
2. Réponse libre.
3. Comme vous n'avez pas vous-mêmes la nationalité belge, votre fils – bien que né en Belgique – ne devient pas automatiquement belge. Mais, en tant que résidants dans ce pays depuis plus de dix ans, vous avez la possibilité de demander que la nationalité belge soit attribuée à votre enfant. Vous devez pour cela faire une déclaration auprès de l'officier d'état civil de votre commune et ce avant que votre enfant n'ait atteint l'âge de douze ans. Il deviendra belge alors à dater du jour de la déclaration.

DOSSIER 2

La vie au quotidien   p. 14-15

1. 1dj, 2cfh, 3a, 4 agi, 5a, 6bj, 7dj, 8a, 9e, 10j
2. médicaments – ordonnance – malade – diagnostic – prescription – posologie – patient – médecin – dose – traitement
3. 1. J'ai des vertiges et très mal au cœur. 2. J'ai des brûlures sur tout le corps, ma peau est en feu. 3. J'ai envie de vomir, j'ai le mal de mer. 4. Je suis très déprimé, je perds l'appétit.
4. a) Elle rougit, pâlit dès qu'elle le voit ; elle n'arrive plus à s'exprimer, elle ressent tour à tour chaleur et froid dans son corps, un grand trouble s'empare d'elle et quoiqu'elle fasse, l'image obsédante de cet homme la poursuit sans relâche.
b) Réponse libre.

Des mots et des formes   p. 16-17

1. rate – foie – ventre – estomac – côtes – hanches – abdomen – thorax – poitrine – épaules – reins – nombril
2. 1. Elle n'a rien fait pour le retenir et maintenant **elle s'en mord les doigts**. 2. Ça fait une semaine que je le leur répète mais **ils font la sourde oreille**. 3. **Quel nez il a eu**, il avait révisé la veille le sujet qui est sorti à l'examen. 4. Tu peux pas faire plus simple, je trouve que

CORRIGÉS

tu coupes les cheveux en quatre. **5.** Comment elle s'appelait cette fille déjà, **attends, je l'ai sur le bout de la langue. 6.** J'avais pas assez d'argent pour réaliser mon projet mais heureusement **mon banquier m'a donné un coup de pouce.**

3. 1. Il fronce les sourcils. **2.** Il hausse les épaules. **3.** Il plisse le front. **4.** Il se mord les lèvres. **5.** Il se ronge les ongles.

4. Proposition de corrigé : **1.** Ça me répugne ! **2.** Je suis étonné de la nouvelle. **3.** Je déplore ce genre de conduite. **4.** Je suis vraiment emballé par ce type de création. **5.** Je suis profondément indigné. **6.** Je suis ravi de la nouvelle.

5. 1. C'est incroyable qu'il fasse la sourde oreille. **2.** C'est réconfortant de se sentir entouré. **3.** C'est formidable qu'il lui ait enfin avoué qu'il l'aimait. **4.** C'est honteux que certains patients se fassent prescrire des médicaments pour les revendre ensuite. **5.** Je suis ravie d'aller mieux. **6.** Je suis désolé qu'elle ne puisse pas avoir d'enfant.

Points de vue sur...   p. 18-19

1. a) Proposition de corrigé : Manon, voici les informations demandées au sujet des métrosexuels.

Ce néologisme, qui a vu le jour dans les années 1990 (métro pour métropolitain), désigne un trentenaire urbain, branché et qui se préoccupe de son apparence. Le métrosexuel n'est pas un homosexuel mais une sorte de dandy qui affiche un comportement sophistiqué et raffiné : il affectionne les tenues excentriques et colorées, s'applique à sculpter son corps, c'est un grand amateur de produits de beauté divers : il n'hésite pas à se maquiller et opte pour des coupes de cheveux « travaillées ». Les footballeurs David Beckham et Djibril Cissé sont représentatifs de cette tendance.

L'élévation du niveau de vie explique en partie l'apparition de ce phénomène qui a pour origine plus profonde un changement dans la distribution des rôles respectifs des hommes et des femmes. En effet, celles-ci peuvent à présent vivre sans les hommes : elles travaillent, elles choisissent aussi d'avoir ou non des enfants ; alors, les hommes à leur tour s'approprient cette part de féminité qu'elles ont abandonnée.

Bien à toi

b) Réponse libre.

2. Réponse libre.

Des mots et des formes   p. 20-21

1. 1ad, 2acd, 3ac, 4bcd, 5ad, 6acd

2. a) Il est certain – il est inadmissible – je pense

je trouve – je suis convaincue – je suis certaine

J'estime – Je ne comprends pas – Je ne crois pas

b) Réponse libre.

3. a) soit – ne l'ont pas choisi – puisse – est – fassent – n'a pas été – n'aient pas divorcé

b) Réponse libre.

Techniques pour...   p. 22-23

1. Réponse libre.

DOSSIER 3

La vie au quotidien   p. 24-25

1. débit – évacuation – odeurs – cuisson – évier – eaux – équipement – baignoire – repas

2. a) 1f, 2b, 3h, 4d, 5k, 6l, 7i, 8e, 9c, 10g, 11a, 12j

b) Réponse libre.

Des mots et des formes   p. 26-27

1. Réponse libre.

2. 1. que – où – qui – sur lequel **2.** qui – dont – où – sur lequel – auquel – dont

3. Réalisations : Tous les HLM de plus de trente ans ont été modernisés : tous les ascenseurs ont été mis aux normes, les façades ont été ravalées et des espaces verts environnants ont été aménagés.

Projets : Les trottoirs du centre ville seront refaits, un parking sera construit place de la mairie et de nouvelles poubelles pour le tri des déchets seront mises en service.

4. 1. Les magasins de bricolage se développent spectaculairement. **2.** Les maisons individuelles se sont multipliées durant la dernière décennie. **3.** Les matériaux écologiques s'emploient de plus en plus pour la construction. **4.** Les maisons modulables se vendent comme des petits pains. **5.** De nouveaux espaces de vie se créent.

5. 1. se sont laissé **2.** me suis entendu **3.** me faire **4.** me suis vu

Points de vue sur...   p. 28-29

1. Le Musée National Reina Sofia, Madrid : son architecture ne s'harmonise pas avec l'édifice ancien voisin – La tour AGBAR, Barcelone : on a reproché à J. Nouvel d'avoir construit une tour à un moment où celles-ci n'étaient plus à la mode. De plus, sa forme en obus a choqué – Le Musée du Quai Branly, Paris : les riverains étaient contre l'occupation des sols pour une telle réalisation.

2. Réponse libre.

Des mots et des formes   p. 30-31

1. 1. abat-jour **2.** ouvre-boîte **3.** bleu ciel **4.** rez-de-chaussée **5.** garde-manger **6.** pomme de terre **7.** brûle-parfum **8.** coffre-fort **9.** tire-bouchon **10.** chou-fleur **11.** canapé-lit **12.** un panier à salade

2. tête à claques – pied-à-terre – tête-à-tête – casse-croûte – pot-au-feu – après-midi – canapé-lit – eau-de-vie

3. imputées – provoquer – découler – incitons – occasionner

4. 1. Grâce à **2.** Suite à **3.** Sous prétexte de **4.** Faute de **5.** À force de

5. Proposition de corrigé : **1.** Les voisins mettent la sono tellement fort que personne ne peut dormir. **2.** Il y a tant d'excréments de chien dans les allées qu'on hésite à y circuler. **3.** Il reste si peu d'ampoules en état de marche dans les parties communes qu'on doit s'éclairer à la lampe de poche. **4.** On a tant de problèmes avec l'ascenseur qu'on préfère monter à pied.

6. a) 1. Quoique **2.** a beau **3.** Même si **4.** contrairement à **5.** Bien que **6.** Au lieu de

b) 1. opinion positive **2.** opinion négative **3.** opinion négative **4.** opinion positive **5.** opinion positive **6.** opinion négative

Techniques pour...   p. 32-33

1. a) 1b, 2a, 3b

b) L'appel à la résistance est généralisé – (ils) dénoncent ce projet comme un nouvel épisode de l'impérialisme des villes vis-à-vis de l'espace rural – Pierre Izard a pris la tête de la révolte – accusant les études d'être tendancieuses

c) Proposition : Dédoublement de Blagnac qui resterait voué au trafic domestique, tandis qu'un autre aéroport régional (Tarbes ou Carcassonne) serait agrandi pour le trafic international. Contre-argument : Deux aéroports reviennent trop cher à gérer. Proposition : Création d'un aéroport du grand Sud-Ouest desservi par un TGV et situé à mi-chemin entre Toulouse et Bordeaux. Contre-argument : Trop loin, en fait 65 % de la fréquentation de Blagnac vient de l'agglomération.

d) Débat houleux sur le nouvel aéroport toulousain

Polémiques autour du projet d'un nouvel aéroport pour Toulouse. Les nuisances provoquées par la circulation aérienne à Blagnac conduisent l'État à envisager la construction d'une nouvelle infrastructure. Huit sites ont été retenus, parmi lesquels ceux de Vacquiers et de Fronton, au nord de l'agglomération, actuellement planté de vignobles.

e) Réponse libre.

DOSSIER 4

La vie au quotidien   p. 34-35

1. a) Proposition de corrigé : Qui finance le DIF d'un salarié qui en fait la demande ? (Le financement est assuré par l'entreprise) – Est-ce l'entreprise qui propose à ses salariés ce type de formation ? (C'est au salarié d'en faire la demande auprès de son entreprise) – Un salarié peut-il choisir un contenu de formation visant son seul développement personnel ? (Ce sont uniquement les formations qui ont été définies comme prioritaires par l'accord de branche ou d'entreprise ou, à défaut, des formations visant l'acquisition ou le perfectionnement des connaissances ou des formations qualifiantes)
b) Réponse libre.
2. Réponse libre.

Des mots et des formes   p. 36-38

1. Il connaît un succès grandissant/le monde de l'entreprise/son métier par cœur. – Il sait ce qu'il risque/se faire discret/s'exprimer en public. – Il se sait en position de faiblesse/en danger.
2. 1. J'ai le sens de l'orientation. **2.** J'ai des talents de comédien. **3.** J'ai de la résistance. **4.** J'ai l'oreille musicale. **5.** J'ai des aptitudes pour l'exercice physique. **6.** Je suis doué en maths/J'ai la bosse des maths. **7.** J'ai de l'intuition. **8.** J'ai beaucoup de mémoire. **9.** J'ai la capacité de me concentrer. **10.** J'ai des aptitudes en langues.
3. Proposition de corrigé : Nous souhaitons que Pierre apprenne à se discipliner, qu'il parvienne à se calmer et qu'il prenne conscience que c'est son avenir qui se joue.
Nous voudrions bien que ses professeurs fassent preuve d'indulgence et veuillent bien lui donner encore une chance.
Nous aimerions que l'établissement puisse mettre notre fils dans une classe à effectif réduit et nous propose un programme de soutien scolaire après les cours.
4. 1. Nous souhaitons qu'on mette en place/que soit mise en place une personnalisation des apprentissages à l'école et au collège. **2.** Nous souhaitons qu'on simplifie/que soit simplifiée la voie technologique au lycée. **3.** Nous souhaitons qu'on développe/que soient développés des formations et des diplômes dans le secteur sanitaire et social. **4.** Nous souhaitons qu'on crée/que soit créé un conseil pédagogique dans les établissements du second degré. **5.** Nous souhaitons qu'on affecte les nouveaux titulaires/que les nouveaux titulaires soient affectés dans leur

académie de formation. **6.** Nous souhaitons qu'on prenne/que soient prises un ensemble de mesures pour renforcer les relations avec les parents.
5. Ah ! Fallait-il que vous me plussiez/Ah ! Fallait-il que vous me plaisiez – Qu'avec orgueil vous vous tussiez/Qu'avec orgueil vous vous taisiez – Fallait-il que je vous aimasse/Fallait-il que je vous aime – Que vous me désespérassiez/Que vous me désespériez – Et qu'enfin je m'opiniâtrasse/Et qu'enfin je m'opiniâtre – Et que je vous idolâtrasse/Et que je vous idolâtre – Pour que vous m'assassinassiez ?/Pour que vous m'assassiniez ?
6. a) Très intéressées : 1, 6, 7. Moyennement intéressées : 2, 4, 8. Pas du tout intéressées : 3, 5.
b) Réponse libre.
7. 1ch, 2e, 3fh, 4dg, 5bde, 6b, 7adg, 8dg

Points de vue sur...   p. 39

1. c) Réponse libre.

Des mots et des formes   p. 40-41

1. Réponse libre.
2. objet – vœu – objectifs – intention – afin – atteints – fins
3. 1. a. conséquence **b.** but **2. a.** but **b.** conséquence **3. a.** but **b.** conséquence
4. Proposition de corrigé : **1.** Voila deux mois que tu m'as quitté et je t'écris ce message **avec l'espoir de** recevoir une réponse. **2.** Je m'adresse à votre organisme **dans la perspective d'**obtenir un stage de formation. **3.** Je refuse de répondre : **question de** principe ! **4.** Pas étonnant que tu n'aies pas pu joindre ma sœur, elle est partie en Angleterre **avec l'intention d'**y rester une année complète. **5.** Nous vous faisons parvenir par retour de courrier toute la documentation demandée **dans le souci de** vous donner satisfaction.
5. Réponse libre.
6. a) Afin de répondre à la diversité des attentes des jeunes en matière d'engagement et de prise d'initiative, le ministère de la Santé, de la Jeunesse et des Sports fédère au sein du programme Envie d'agir l'ensemble de ses dispositifs d'aides **destinés** aux jeunes de 11 à 30 ans.
En 2006, plus de 3 350 projets ont été soutenus. 42 000 jeunes ont été touchés par le programme, dont plus de 13 500 bénéficiaires directs.
Ce programme unique **a pour objectif** de rendre plus accessibles et plus efficaces les dis-

positifs d'aide aux projets des jeunes. Il répond à la volonté du ministère de soutenir et de promouvoir la créativité, l'audace et le talent des jeunes dans tous les domaines : animation et développement local, première création culturelle, technique ou scientifique, solidarité internationale ou de proximité, volontariat, création d'activité économique...
Envie d'agir est un programme généraliste qui **vise à** favoriser l'engagement dans un **projet** collectif ou individuel revêtant un caractère d'utilité sociale ou d'intérêt général.
Envie d'agir apporte un soutien à la fois pédagogique, technique et financier permettant d'accompagner les jeunes de l'émergence à la réalisation effective de leur **projet**.
Cinq critères sont pris en compte pour l'examen des **projets** : le parcours personnel des candidats, l'utilité sociale, l'impact local, l'innovation sociale, scientifique ou technique et l'inscription dans la durée des **projets**.
Partout en France, les directions régionales et départementales de la Santé, de la Jeunesse et des Sports et le réseau des 800 Points d'appui Envie d'agir informent et accompagnent les jeunes dans la proximité. Des espaces Initiatives Jeunes ont également été mis en place pour favoriser l'émergence et l'accompagnement des **projets** de création d'activité économique.
Depuis 2006, Envie d'agir est soutenu par le Crédit agricole, partenaire national du programme.
b) Réponse libre.

Techniques pour...   p. 42-43

1. Réponse libre.
2. Réponse libre.

DOSSIER 5

La vie au quotidien   p. 44-45

1. 1. entre six mois et onze mois **2.** le DRH **3.** petite et moyenne entreprise – petite et moyenne industrie **4.** Je vous prie d'agréer/Veuillez agréer, Monsieur, l'expression de mes sentiments distingués/respectueux. – Je vous prie de croire/Croyez, Monsieur, en l'assurance de ma considération distinguée. – Recevez, Monsieur, mes salutations distinguées. **5.** les indemnités de chômage **6.** Le CDD (contrat à durée déterminée) fixe une durée limite au contrat de travail alors qu'il n'y en a aucune en cas de CDI (contrat à durée indéterminée). **7.** Le salarié

doit informer son employeur par lettre recommandée avec avis de réception, au moins trois mois à l'avance, de la date de départ en congé sabbatique qu'il a choisie, en précisant la durée de ce congé. **8.** la CGT, la CFDT, FO **9.** refus d'obéissance, attitude insolente, injures, violences physiques, perception de rémunérations cachées venant de fournisseurs ou de clients
2. article – informant – connaître – raisons – délais – foi – En conséquence – position – prud'hommes
3. a. 2, 6, 5
b. 4, 1, 3

Des mots et des formes   p. 46-47
1.

R	A	S	C	H	O	M	A	G	E	R	K
O	E	I	P	E	L	V	X	S	I	U	T
D	E	M	I	S	S	I	O	N	N	E	R
S	D	O	U	K	A	B	L	M	D	I	O
A	H	C	O	N	T	R	A	T	E	R	L
L	I	U	P	I	E	O	P	I	M	Y	I
A	K	R	D	V	I	R	M	Z	N	F	C
I	B	O	T	A	C	H	E	T	I	U	E
R	F	A	R	N	H	U	L	R	T	E	N
E	J	D	U	Q	C	B	E	O	E	A	C
H	O	N	O	R	A	I	R	E	S	V	I
M	U	B	O	U	L	O	T	J	H	M	E

2. Proposition de corrigé : **1.** souhait : Puisque nous sommes arrivés à un accord, j'aimerais qu'on parte sur de nouvelles bases. **2.** reproche : Vous devriez faire preuve de davantage de souplesse. **3.** regret : J'aurais bien aimé obtenir une prime de fin d'année. **4.** conseil : Il vaudrait mieux attendre sa réaction avant de lancer une menace de grève. **5.** reproche : Vous auriez pu être plus généreux. **6.** projet hypothétique : Il serait question de rémunérer en heures supplémentaires le personnel en CDI. **7.** conseil : Il faudrait que vous teniez bon, que vous restiez fermes sur vos positions. **8.** projet hypothétique/ suggestion : On pourrait faire appel à un négociateur. **9.** atténuer une demande : Vous serait-il possible de vous exprimer clairement. **10.** reproche : J'aurais cru que vous seriez plus vindicatifs. **11.** imaginer : Tu serais fonctionnaire, tu aurais la sécurité de l'emploi, tu ne travaillerais plus que 35 heures mais en revanche tu toucherais la moitié de ton salaire actuel.
3. Réponse libre.
4. me – en – me le – le – y – en – me le – y
5. 1. J'insiste bien, ne me le rendez pas en retard. **2.** J'insiste bien, utilise-le à partir de demain. **3.** J'insiste bien, prenez-les avant la fin de l'année. **4.** J'insiste bien, n'y pensez pas. **5.** J'insiste bien, expédie-la avant ce soir. **6.** J'insiste bien, arrivez-y à l'heure dite.

Points de vue sur...   p. 48-49
1. Réponse libre.
2. a) a3, b2, c4, d1
b) Proposition de corrigé : Christophe a bien effectué un premier séjour «découverte» du Venezuela mais il n'a pas attendu d'avoir un visa de travail avant de repartir. Quand il a décroché une promesse d'embauche, il est bien passé par un intermédiaire professionnel pour les démarches d'acquisition des papiers officiels, de plus il a bien présent à l'esprit la nécessité de s'occuper ensuite de ce qui concerne la fiscalité et la retraite.

Des mots et des formes   p. 50-51
1. 1. de – à **2.** en – à – en **3.** de – de **4.** en – à – de
2. était – agisse – n'avait pas cessé – c'était – aurait/allait avoir – ne dépendait pas – ne décrétait pas – n'y aurait pas
3. 1. menace **2.** justification **3.** mise en garde **4.** avertissement **5.** réclamation **6.** acceptation **7.** menace
4. L'entraîneur du XV de France a pris la parole mercredi : «Je ne renoncerai pas, a-t-il précisé, à ma future fonction de secrétaire d'État à la Jeunesse et aux Sports en cas de défaite contre l'Irlande vendredi soir, synonyme d'élimination de la Coupe du monde.»
Au sujet d'une hypothétique démission, il a déclaré qu'il devait avoir un sosie car il n'avait jamais parlé de cela ; il a précisé que, quand il avait discuté avec le président de la République de sa nomination, il était clair qu'il n'y avait pas de relation de cause à effet entre les deux métiers. Il a ajouté que personnellement il n'avait jamais dit qu'il renoncerait car cela n'avait rien à voir et, qu'enfin, il espérait aller le plus loin possible, même s'il lui tardait de commencer ses nouvelles fonctions.
«La pression extra-sportive liée à ce changement de statut, a-t-il assuré, ne me gêne pas dans la préparation de ce match contre l'Irlande que l'équipe de France doit impérativement gagner pour rester en course pour les quarts de finale.» Il a assuré que cela ne le paralysait pas, que c'était un métier qu'il avait accepté.
5. 1. avoué **2.** déclaré **3.** confié **4.** prétendu/avoué
6. Réponse libre.

Techniques pour...   p. 52-53
1. a) 1c, 2b
b) Réponse libre.
c) Réponse libre.

DOSSIER 6
La vie au quotidien   p. 54-55
1. a) Proposition de corrigé : « Dans le noir » (nom véritable). Il s'agit d'un restaurant dont la salle est plongée dans l'obscurité et le service assuré par un personnel aveugle.
b) Réponse libre.
c) Le toucher pour se repérer dans l'obscurité, l'odorat et le goût pour identifier les mets servis, l'ouïe pour capter les conversations et les bruits environnants et enfin la vue à la sortie pour découvrir le plan de salle et le menu qui a été servi.
d) Réponse libre.
2. a) Les saveurs/aliments plébiscités : l'onctueux, le mou, le sucré, le «tartinable», que l'on trouve dans la confiserie, le chocolat, les produits laitiers, les jus de fruits, les glaces, les conserves de légumes, les plats cuisinés, la viande blanche, les textures craquantes, mousseuses, les mélanges sucré-salé, les produits exotiques, les aliments fortement salés.
Les saveurs/aliments non-plébiscités : les saveurs «sauvages» (animales) telles que le gibier, la viande rouge, ainsi que les aliments amers ou acides.
b) Réponse libre.
c) Réponse libre.

Des mots et des formes   p. 56-57
1. aliments – alimentaires – saveur – appétissant – délicieuse – goût – gustatives – doux – acide – amer – salé
2. 1bd, 2bd, 3ac, 4c, 5b, 6c
3. 1. autrement **2.** En cas de **3.** pour peu que **4.** pourvu que **5.** quitte à **6.** Au cas où **7.** sauf si
4. Proposition de corrigé : **1.** Je choisis, comme d'habitude, des frites en assortiment, à moins qu'il n'y ait des courgettes. **2.** J'apprécie le camembert, à moins qu'il ne soit trop fait. **3.** Je commande en général du beaujolais, à moins que tu ne veuilles un petit bordeaux. **4.** Un peu de sauce, c'est bon, à moins que votre régime ne vous l'interdise.
5. Et que, te sentant haï, sans haïr à ton tour/Pourtant tu luttes et te défends ; – Et que tu puisses aimer tous tes amis en frères ; –

Et que tu rêves, sans laisser ton rêve être ton maître – Et que tu reçoives ces deux menteurs d'un même front

6. 1. Apporte le fromage râpé, si tant est qu'il y en ait encore dans le frigo. 2. Je pense que son gâteau sera bon, si tant est qu'elle ait bien respecté ma recette. 3. Ils devraient dîner ensemble en ce moment, si tant est qu'elle soit arrivée à l'heure. 4. On peut très bien se régaler tout en suivant un régime, si tant est qu'on sache cuisiner.

Points de vue sur... p. 58-59

1. Réponse libre.

2. Réponse libre.

3. Réponse libre.

4. a) Les manipulations chimiques d'arômes portent atteinte à la cuisine authentique qui, elle, ne manipule pas de produits aux saveurs artificiellement reconstituées.

b) Réponse libre.

Des mots et des formes p. 60-61

1. 1. Le – Un – Une – une – le 2. une – l'– la – de – l' 3. Le – Un – des 4. Une – des – du – un 5. la – des

2. Proposition de corrigé : 1. Oui, ce sont les restes de la veille. 2. Si, c'est le son de la cloche de l'église. 3. Oui, c'est le rire du bébé de ma sœur. 4. C'est la clé de la voiture de Marc.

3. 1j, 2i, 3e, 4f, 5g, 6c, 7a, 8d, 9h, 10b

4. a) On parle du bonheur, du fait d'être heureux.

b) On compare métaphoriquement le bonheur à une maladie.

c) épidémie – se propager – seront contaminées – les symptômes – terrible fléau – Manque total d'intérêt pour – Perte complète de la capacité de – Attaques répétées – évitez tout contact avec des personnes présentant ces symptômes – Ce mal est extrêmement contagieux. – Les traitements médicaux – la progression inéluctable du mal – vaccin – ce mal provoque une perte totale de – troubles sociaux graves risquent de se produire – guérison

Techniques pour... p. 62-63

1. a) Cette nouvelle évoque un rituel ordinaire qui se répète assez fréquemment : une sortie au petit matin en hiver pour aller acheter du pain et des croissants.

Le narrateur n'est pas linguistiquement nommé, l'usage du « on », avec sa valeur de généralité, permet au lecteur de s'identifier au personnage évoqué.

La vie est faite de petits bonheurs qu'il convient de savourer, un peu d'attention portée aux moments les plus simples suffit pour nous révéler la beauté de l'instant.

b) Réponse libre.

DOSSIER 7

La vie au quotidien p. 64-65

1. a) Il s'agit d'un tract diffusé par une association contre le nucléaire pour informer d'une manifestation contre le projet de construction du réacteur ITER.

b) Proposition de corrigé : Savez-vous que notre région est gravement menacée ? Menacée par un projet fou et scandaleusement onéreux qui a pour nom ITER.

En effet, l'organisation internationale ITER prévoit d'implanter à Cadarache un réacteur nucléaire expérimental. Qu'est-ce que cela signifie pour nous ? D'abord, il y a un risque majeur de radioactivité (les 2 millions de tritium dans ITER pourraient tuer 2 millions de personnes !). Ensuite, ce serait la ruine de notre environnement : déforestation et dégradation du paysage.

Il faut savoir aussi que ce projet équivaudrait à une dépense de 10 milliards d'euros pour une expérience de 400 secondes sans compter les 467 millions d'euros que devrait débourser notre région PACA.

Il est proprement insensé de vouloir privilégier de nos jours un luxueux programme de recherche réservé aux seuls pays riches et de surcroît très peu créateur d'emplois. Alors, tout comme de nombreux scientifiques de renom, faites barrage à ce projet et optez pour le réinvestissement de ces milliards d'euros vers les énergies renouvelables et les économies d'énergie.

Je vous invite à rejoindre le collectif STOP-ITER mis en place pour faire entendre votre voix.

Des mots et des formes p. 66-67

1. élu – voix – suffrages – électeurs – élection – élection – scrutins – bureaux de vote – suffrages – tour – tour – élections – scrutin – participation – isoloir – électeurs – bureau de vote

2. 1. Ce que privilégient les parents en priorité en tant que valeur à transmettre à leurs enfants, c'est le respect d'autrui. 2. Ce qui fait défaut aux jeunes générations en tant que valeur, c'est le goût du travail. 3. Ce que les parents placent en tête des valeurs à transmettre à leur progéniture, c'est l'honnêteté.

4. Ce que la génération adulte considère comme une valeur importante, c'est le sens de la famille. 5. Ce qui n'est plus considéré par les jeunes générations comme une valeur importante, c'est le respect d'autrui. 6. Ce à quoi les jeunes sont prioritairement attachés, c'est à leur épanouissement personnel. 7. Ce que les parents ne jugent pas comme une valeur importante à transmettre à leurs enfants, c'est la foi en Dieu. 8. Ce qui n'est pas considéré comme une valeur importante à transmettre aux jeunes générations, c'est le patriotisme.

3. 1. J'étais vraiment indécis, mais ayant réfléchi, je vais plutôt voter pour les Verts. 2. Voulant faire un vote conscient, je vais aux meetings des principaux candidats. 3. N'étant pas intéressé par la politique, je ne voterai pas. 4. Moi, je pense manifester mon mécontentement en déposant un bulletin blanc dans l'urne. 5. Moi, je voterai pour le candidat de l'opposition, ayant la ferme conviction que lui seul pourra sortir notre pays de la crise.

4. 1. a. montante b. montant 2. a. hésitant b. hésitante 3. a. convaincante b. convaincant 4. a. sortante b. Sortant 5. a. saisissant b. saisissante

Points de vue sur... p. 68-69

1. Proposition de corrigé : *En France, c'est la lutte contre le chômage qui, toutes tendances confondues, compte le plus pour le choix du candidat à l'élection présidentielle...* à l'inverse c'est l'intégration des minorités dans la société qui entre le moins en compte dans leur choix. Il est à noter que ce sont les sympathisants de gauche qui sont les plus portés vers un candidat qui mettrait l'accent sur l'amélioration de l'école. Par contre, les sympathisants de droite sont plus sensibles, eux, à un candidat qui se préoccuperait de lutter contre l'insécurité et l'immigration illégale. Enfin, sympathisants de droite comme de gauche attendent d'un candidat qu'il privilégie l'amélioration du pouvoir d'achat.

2. a) a3, b5, c2, d1, e4

b) Réponse libre.

3. Réponse libre.

Des mots et des formes p. 70-71

1. 1. un euphémisme 2. une litote 3. une métaphore

2. une personne à mobilité réduite (PMR) ou bien un usager en fauteuil roulant (UFR) : une personne handicapée – des opérateurs : des ouvriers – des techniciens de surface : des balayeurs

3. 1. Il est décédé. 2. C'est un don Juan. 3. Il a un appétit gargantuesque. 4. Il est très vieux. 5. Il est en situation d'échec.

4. 1. Tu es complètement idiot. 2. Je ne viendrai pas. 3. Vous vous êtes un grossier personnage. 4. Il a les moyens. 5. C'est très bien. 6. Je ne veux pas que vous fumiez. 7. C'est affreux. 8. Vous mentez. 9. Il est complètement démotivé.

5. grands hommes – petit homme – destin unique – grandes choses – hommes braves – unique rêve – curieux destin – braves gens – petit garçon – volonté farouche – propre empire – fortes têtes – femmes curieuses – ongles sales – faux compliments

6. 1. vain/vingt 2. basilic/basilique 3. pin/pain 4. père/paire 5. hêtre/être 6. lac/laque 7. bal/balle 8. voie/voix 9. mère/mer

Techniques pour... p. 72-73

1. Les trois documents traitent du thème des extraterrestres et soulèvent la question de leur existence.

Que ce soit sous une forme humoristique (doc. n° 2), illuminée (doc. n° 3) ou scientifique (doc. n° 1), ces trois documents témoignent de l'intérêt porté à ce questionnement. En effet, depuis des temps immémoriaux, la présence (possible) d'êtres extraterrestres est souvent évoquée. Elle peut susciter des réactions amusées émanant souvent d'incrédules ou, au contraire, exercer une réelle fascination au point d'affirmer sans réserve l'existence d'un tel phénomène, certitude fondée sur l'unique base de quelques témoignages humains. Au-delà de la pure subjectivité, les scientifiques se sont eux aussi posé la question et font l'hypothèse plausible que « l'Univers porte en lui l'espérance de la vie » mais se heurtent à des obstacles « techniques », essentiellement liés au temps pour pouvoir atteindre des étoiles – berceau éventuel d'une intelligence extraterrestre. Par ailleurs, il existe un groupe au CNRS qui répertorie les témoignages sur les OVNI (objets volants non identifiés) mais la communauté scientifique dans son ensemble reste sceptique soulignant le caractère anthropomorphique qui marque les investigations en matière d'OVNI.

Actuellement, la réflexion scientifique n'apporte pas de réponse positive à la question de l'existence d'une vie extraterrestre, du moins a-t-elle le mérite et l'avantage d'offrir une vision ouverte du problème, vision qui laisse place à l'espérance tout en rejetant un obscurantisme radical et dangereux.

DOSSIER 8
La vie au quotidien p. 74-75

1. **a)** Dans ce site Internet, un comité favorable à la réintroduction de l'ours dans les Pyrénées défend cette cause.

b) Proposition de corrigé : Une fois encore, les partisans de la réintroduction de l'ours dans notre région pyrénéenne ont agi sans concertation.

Nous tenons à exprimer une fois de plus que nous sommes en parfait désaccord avec une telle pratique.

Tout d'abord, de telles décisions émanent de citadins qui n'ont aucune connaissance du terrain et qui vont ainsi à l'encontre du choix des populations locales.

D'autre part, et contrairement à ce qu'on veut vous faire croire, l'ours constitue une menace pour la biodiversité pyrénéenne et un risque permanent d'accidents mortels pour les utilisateurs de la montagne.

Enfin, que dire du formidable gaspillage des fonds publics que représentent chaque introduction et suivi d'un ours auquel s'ajoutent les frais d'indemnisation des dégâts causés par ces prédateurs.

Nous attendons un geste de la part des autorités pour reconsidérer le problème. Nos ancêtres se sont débarrassés de l'ours, ce n'est pas pour le réintroduire aujourd'hui : voilà pourquoi nous continuerons à nous battre sans relâche.

Des mots et des formes p. 76-77

1. culture – traditions – danse – musique – instrument – répertoire – costume – artisans – coutumes – locales – kermesses – rites – folklore – objets – ethnographique

2. 1. je suis en droit d' 2. j'ai droit à 3. je me suis adressé à qui de droit 4. je n'étais pas dans mon droit 5. On a le droit de

3. N'êtes-vous pas un peu sévère vis-à-vis de la politique gouvernementale actuelle/vos adversaires/ceux qui réclament l'abrogation de la loi ? – Quel est votre sentiment/Quelle est votre opinion face à la politique gouvernementale actuelle/ceux qui réclament l'abrogation de la loi ? – Allez-vous vous ranger du côté de la politique gouvernementale actuelle/vos adversaires/ceux qui réclament l'abrogation de la loi ? – Allez-vous vous ranger à côté de ceux qui réclament l'abrogation de la loi ?

4. a4, b1, c3

5. 1. Ils ont tous voté en faveur du projet. 2. Elle est toute bouleversée à la suite de son échec aux dernières élections. 3. Le candidat

de l'opposition a tout fait pour être réélu. 4. Les communes ont toutes manifesté leur hostilité au projet régional. 5. Tout le monde est satisfait des décisions qui ont été prises.

6. quiconque – rien ne – certains – d'autres – chacun – Personne n'– partout – on – nulle part ailleurs

Points de vue sur... p. 78-79

1. **a)** Ce titre pointe le paradoxe de la dictée qui est vécue tour à tour comme un supplice à cause des règles orthographiques auxquelles elle commande de se plier, mais aussi depuis quelques années comme un divertissement dans le cadre de championnats qui constituent un hommage à la langue française.

b) 1. Politesse de la langue – une passion – amour croissant pour la dictée – se confronter avec plaisir à leur démon – succès des championnats – hommage à la langue 2. Science des ânes – une détestation – tout le monde la craint – son insupportable acolyte, la dictée – dictée = dictature – empoisonne la vie de l'écolier – l'adulte n'échappe pas à son despotisme – le laisser-aller coupable – dictée truffée de pièges, d'archaïsmes et d'incohérences

c) Réponse libre.

2. **a)** Les deux textes évoquent les difficultés et pièges de l'orthographe française.

Titre : L'impossible réforme (titre original)

b) L'académie, des syndicats d'instituteurs et surtout les Français eux-mêmes.

c) Suppression du trait d'union dans certains noms composés tels que *tirebouchon, vanupied, hautparleur*. Simplification du pluriel des noms composés *(perceneiges)*. Simplification orthographique de certains mots comme *exéma, imbécilité, bonhommie, nénufar, ognon*.

d) Pour : difficultés scolaires d'un grand nombre d'écoliers issus des classes populaires pour qui l'orthographe constituait une barrière sociale de plus.

Contre : l'apprentissage de l'orthographe constitue une école rigoureuse qui donne le sens de l'effort.

e) La réforme a été abandonnée ce qui n'empêche pas l'orthographe de se modifier mais sans que cela donne lieu à polémique.

f) Réponse libre.

Des mots et des formes p. 80-82

1. 1. lourd 2. idéalisme 3. défaite 4. haine 5. autorisé

a. fin b. généreux c. inférieur d. faiblesse e. progrès

2. 1. Accélération notoire de la croissance au

1er trimestre **2.** Abrogation de la loi en faveur de l'immigration choisie **3.** Les grévistes sont à présent minoritairement (en minorité) pour la poursuite de la grève. **4.** Absence remarquée du chef de l'état à l'ONU **5.** Deux coureurs colombiens en queue du classement **6.** Audition des témoins à charge dès l'ouverture du procès

3. 1. superficielle ≠ approfondie – contrainte ≠ libre – illusoires ≠ essentiels **2.** contourner ≠ atteindre – abstraites ≠ concrètes – la méfiance ≠ la confiance – la médiocrité ≠ la qualité – se refermer ≠ s'ouvrir

4. à se poser : à s'asseoir – étant à la bourre : étant en retard – de jacter sur : de discuter du – rapport au : compte tenu du – en ont plein le dos : en ont assez – se sont engueulés : se sont querellés – s'est barrée : est partie

5. 1. L'immobilisme, par définition, n'avance pas! → Nous ne savons pas comment éviter cet état d'immobilisme qui nous guette. **2.** Si on fait un pas de plus, on tombe! → Nous étions dans une situation critique mais nous avons redressé la situation. **3.** Une île est, par définition, toujours séparée du continent! → Je n'imagine pas cette île délaissée par le Continent. **4.** *éluder* signifie *éviter* alors que la personne veut dire le contraire. → Je ferai tout ce qui est en mon pouvoir pour élucider cette affaire.

6. que – y – dont – rien – chacun – lui – ce qui – où – qui – à qui – grâce auquel – celui qui

7. 1. parce qu' **2.** Bien que **3.** alors que **4.** Pour que **5.** c'est pourquoi **6.** Si

Techniques pour...   p. 83

1. Réponse libre.

DOSSIER 9

La vie au quotidien   p. 84-85

1. a) proposition de corrigé : **1.** La délocalisation ne risque-t-elle pas de menacer les emplois? **2.** Doit-on continuer d'autoriser les particuliers à posséder de tels animaux qui sont virtuellement des dangers publics? **3.** Les cultures transgéniques sont-elles dangereuses et dans quel sens légiférer? **4.** L'accroissement de l'espérance de vie entraîne de nouveaux problèmes de société : paiement des retraites, frais de santé d'une population vieillissante **5.** Jusqu'où peut-on aller en matière de greffes? N'y a-t-il pas danger de perdre son identité si on vit avec une partie du corps d'un autre et principalement avec le visage d'un autre?
b) Réponse libre.
2. a) 1f, 2d, 3a, 4g, 5b, 6e, 7c
b) Réponse libre.

Des mots et des formes   p. 86-87

1. Proposition de corrigé : **1.** vraiment élégant **2.** totalement ridicule **3.** follement tentant **4.** réellement inutile **5.** vivement attendu **6.** extrêmement utile

2. a) Proposition de corrigé : **1.** pertinemment **2.** chaleureusement **3.** vigoureusement **4.** violemment **5.** profondément **6.** étroitement **7.** parfaitement
b) Réponse libre.

3. auront été oubliées/seront oubliées – se sera mis – sont parlées – restera – s'accélère – auront disparu – c'est – est – étaient parlées – sont – avait – estime – auront survécu – est – c'est – a

4. Réponse libre.

5. a été/fut conçue – soit – ne fut plus – fut réalisé – eut lieu – envoyèrent – fut – marcha – a – prononça – aura permis – ait été conquise – continue – envisage – avait déclaré – aura visité – rejoindra

Points de vue sur...   p. 88-89

1. Réponse libre.

Des mots et des formes   p. 90-91

1. Réponse libre.
2. 1. Il y aura **toujours plus** d'habitants dans les villes situées dans les pays pauvres. **2.** On isolera **de mieux en mieux** les maisons grâce à de nouvelles techniques. **3.** Selon l'OMS il y aura **encore plus** de décès dus au sida dans les années à venir. **4.** Le défi sera de nourrir 9 milliards de personnes en 2050 : pour cela **la moindre** parcelle de terre sera exploitée. **5.** La situation ira **de mal en pis** pour les pays dont les ressources en eau sont faibles. **6.** On vivra **encore plus** longtemps dans les pays industrialisés. **7.** Il y aura **de moins en moins** de zones habitables sur la planète à cause du réchauffement climatique.
3. Proposition de corrigé : **1.** Certains automobilistes sont totalement irresponsables : ils conduisent leur véhicule comme si **ils étaient seuls sur la route. 2.** Il y a hélas de plus en plus de gens qui agissent avec leur chien ou leur chat comme si **c'étaient de simples jouets. 3.** Il est urgent d'éduquer la population en matière d'écologie : je vois mes voisins, ils n'éteignent jamais les lumières, ils font comme si **l'énergie était inépuisable. 4.** Certains parents manquent d'autorité vis-à-vis de leur progéniture, ils se comportent avec eux comme si **c'étaient leurs copains.**
4. Proposition de corrigé : Depuis les années 1970 en France, la consommation de produits alimentaires a diversement progressé selon le type de produits. Ainsi, on constate une forte baisse de la consommation de pain, de pommes de terre et de sucre. De même, le vin et la bière ont reculé dans de fortes proportions. Par contre, on voit que le Français privilégient à présent les produits plus sains puisque la consommation des légumes frais et des volailles a bien augmenté.

Techniques pour...   p. 92-93

1. a) Les quatre articles parlent des jeux vidéo. Quel impact (positif ou négatif) ceux-ci peuvent-ils avoir sur les jeunes utilisateurs?
b) Réponse libre.

PORTFOLIO

	À L'ORAL		À L'ÉCRIT	
	Acquis	En cours d'acquisition	Acquis	En cours d'acquisition

DOSSIER 1

Je peux comprendre

– un récit littéraire autobiographique de l'écrivain Patrick Modiano	▣	▣	▣	▣
– un entretien du sociologue Edgar Morin sur le thème de l'identité	▣	▣	▣	▣
– une longue et complexe lettre de motivation	▣	▣	▣	▣
– la formation des mots en français	▣	▣	▣	▣
– des expressions de la rue	▣	▣	▣	▣
– un article sociologique sur la langue des jeunes	▣	▣	▣	▣
– deux styles de biographie	▣	▣	▣	▣
❊				
– quelqu'un qui parle de l'obtention de la nationalité en France	▣	▣	▣	▣
– quelqu'un qui participe à un entretien d'embauche	▣	▣	▣	▣
– quelqu'un qui fait part de ses difficultés pour apprivoiser la langue française	▣	▣	▣	▣

Je peux m'exprimer et interagir pour

– relater mes propres origines	▣	▣	▣	▣
– parler de l'immigration en France et dans mon pays	▣	▣	▣	▣
– rédiger une lettre complexe de motivation	▣	▣	▣	▣
– évaluer les qualités d'un candidat lors d'un entretien d'embauche	▣	▣	▣	▣
– raconter une anecdote personnelle	▣	▣	▣	▣
– parler de mon rapport avec la langue française	▣	▣	▣	▣
– rédiger une biographie	▣	▣	▣	▣

DOSSIER 2

Je peux comprendre

– des lettres d'amour (Paul Eluard et Simone de Beauvoir)	▣	▣	▣	▣
– un article scientifique sur les effets du sentiment amoureux	▣	▣	▣	▣
– un récit littéraire évoquant des relations de couple	▣	▣	▣	▣
– un reportage radio sur les pratiques ménagères	▣	▣	▣	▣
– une conférence sur la famille en France	▣	▣	▣	▣
❊				
– quelqu'un qui consulte un médecin : symptômes, questionnement et prescription	▣	▣	▣	▣
– quelqu'un qui demande des conseils dans une pharmacie	▣	▣	▣	▣
– quelqu'un qui parle de la répartition des tâches dans le couple	▣	▣	▣	▣

Je peux m'exprimer et interagir pour

– débattre de la validité d'arguments proposés dans un texte scientifique	▣	▣	▣	▣
– décrire un problème de santé	▣	▣	▣	▣
– parler du corps	▣	▣	▣	▣
– demander des conseils et des médicaments dans une pharmacie	▣	▣	▣	▣
– décrire sommairement le système de santé en France et dans mon pays	▣	▣	▣	▣
– exprimer des sensations et des sentiments	▣	▣	▣	▣
– débattre sur le rôle des partenaires dans le couple	▣	▣	▣	▣
– donner mon opinion personnelle sur des faits de la vie privée	▣	▣	▣	▣
– présenter un exposé	▣	▣	▣	▣

	À L'ORAL		À L'ÉCRIT	
	Acquis	En cours d'acquisition	Acquis	En cours d'acquisition

DOSSIER 3

Je peux comprendre

	À L'ORAL		À L'ÉCRIT	
	Acquis	En cours d'acquisition	Acquis	En cours d'acquisition
– l'interview d'une personnalité qui parle de son terroir	☐	☐	☐	☐
– un texte théorique sur l'évolution de la ville	☐	☐	☐	☐
– un échange dans une agence immobilière	☐	☐	☐	☐
– une lettre de réclamation à propos d'une location	☐	☐	☐	☐
– un débat polémique sur des projets architecturaux	☐	☐	☐	☐
– des textes littéraires décrivant des villes futuristes	☐	☐	☐	☐
❄				
– quelqu'un qui décrit un habitat écologique	☐	☐	☐	☐
– quelqu'un qui fait part de ses besoins en matière d'habitat	☐	☐	☐	☐
– quelqu'un qui parle des transformations d'un logement	☐	☐	☐	☐

Je peux m'exprimer et interagir pour

	À L'ORAL		À L'ÉCRIT	
– débattre sur les innovations écologiques en matière de construction	☐	☐	☐	☐
– m'exprimer sur les valeurs du patrimoine auxquelles je tiens et les décrire	☐	☐	☐	☐
– louer un appartement en France	☐	☐	☐	☐
– présenter les modalités de location d'un appartement dans mon pays et en France	☐	☐	☐	☐
– rédiger une lettre exposant un problème de location	☐	☐	☐	☐
– défendre mon point de vue sur les problèmes urbains	☐	☐	☐	☐
– présenter et décrire un projet de ville de l'avenir	☐	☐	☐	☐
– résumer un long article de presse traitant des banlieues	☐	☐	☐	☐

DOSSIER 4

Je peux comprendre

	À L'ORAL		À L'ÉCRIT	
– un texte littéraire extrait des *Nourritures terrestres* de l'écrivain André Gide	☐	☐	☐	☐
– un entretien sur les influences de l'éducation du philosophe Boris Cyrulnik	☐	☐	☐	☐
– une lettre de demande d'informations sur une formation scolaire	☐	☐	☐	☐
– un article de magazine sur le programme européen Erasmus	☐	☐	☐	☐
– des témoignages sur l'influence des nouvelles technologies sur le comportement	☐	☐	☐	☐
❄				
– quelqu'un qui raconte ce qui l'a fait « grandir »	☐	☐	☐	☐
– quelqu'un qui demande des précisions sur le fonctionnement d'une école	☐	☐	☐	☐
– quelqu'un qui exprime son intérêt ou son indifférence dans une conversation sur le sport	☐	☐	☐	☐
– quelqu'un qui raconte une expérience professionnelle à l'étranger	☐	☐	☐	☐

Je peux m'exprimer et interagir pour

	À L'ORAL		À L'ÉCRIT	
– parler de mon expérience sur les moyens de se construire et d'apprendre	☐	☐	☐	☐
– m'informer sur une école et une formation	☐	☐	☐	☐
– rédiger une lettre d'informations à un organisme de formation	☐	☐	☐	☐
– exprimer des souhaits	☐	☐	☐	☐
– exprimer mon intérêt ou mon indifférence	☐	☐	☐	☐

	À L'ORAL		À L'ÉCRIT	
	Acquis	En cours d'acquisition	Acquis	En cours d'acquisition
– raconter une expérience professionnelle à l'étranger	☐	☐	☐	☐
– exprimer mes buts	☐	☐	☐	☐
– écrire un article sur les motivations des gens qui voyagent	☐	☐	☐	☐
– exposer et développer mon point de vue par écrit dans un éditorial de magazine	☐	☐	☐	☐

DOSSIER 5

Je peux comprendre

	À L'ORAL		À L'ÉCRIT	
– les explications d'un sociologue analysant les nouvelles relations au travail	☐	☐	☐	☐
– un échange entre différents interlocuteurs parlant de conditions d'embauche	☐	☐	☐	☐
– un courrier de demande à un employeur	☐	☐	☐	☐
– des articles de presse évoquant les migrations de travailleurs	☐	☐	☐	☐
– un débat radiophonique contradictoire sur les lois d'immigration en Suisse	☐	☐	☐	☐
– le fonctionnement d'un comité d'entreprise en France	☐	☐	☐	☐
❄				
– quelqu'un qui témoigne des difficultés de son métier	☐	☐	☐	☐
– quelqu'un qui expose des conditions d'embauche	☐	☐	☐	☐
– quelqu'un qui argumente contre l'immigration sélective	☐	☐	☐	☐
– quelqu'un qui évoque un conflit avec son employeur	☐	☐	☐	☐

Je peux m'exprimer et interagir pour

	À L'ORAL		À L'ÉCRIT	
– parler de mes priorités dans le choix d'un travail	☐	☐	☐	☐
– décrire les étapes d'une embauche en France	☐	☐	☐	☐
– intervenir dans un débat pour exprimer mon point de vue sur l'immigration	☐	☐	☐	☐
– comparer les phénomènes migratoires en France et dans mon pays	☐	☐	☐	☐
– comparer les disparités salariales hommes/femmes en France et dans mon pays	☐	☐	☐	☐
– présenter les différents contrats de travail en France	☐	☐	☐	☐
– rédiger une lettre exposant une demande à mon employeur	☐	☐	☐	☐
– faire le compte-rendu d'une réunion dans un cadre professionnel	☐	☐	☐	☐

DOSSIER 6

Je peux comprendre

	À L'ORAL		À L'ÉCRIT	
– des interviews de magazines d'adeptes de la philosophie hédoniste	☐	☐	☐	☐
– des publicités pour des restaurants gastronomiques de différentes régions	☐	☐	☐	☐
– des extraits de guides gastronomiques sur le pain et le vin	☐	☐	☐	☐
– des extraits littéraires sur le thème de l'émotion artistique	☐	☐	☐	☐
– le début d'un roman de Nancy Huston	☐	☐	☐	☐
❄				
– quelqu'un qui parle de la philosophie hédoniste	☐	☐	☐	☐
– quelqu'un qui fait une critique de restaurant	☐	☐	☐	☐

	À L'ORAL		À L'ÉCRIT	
	Acquis	En cours d'acquisition	Acquis	En cours d'acquisition
– quelqu'un qui parle du goût des aliments	☐	☐	☐	☐
– quelqu'un qui donne des conseils dans une émission de radio	☐	☐	☐	☐
– quelqu'un qui parle de la beauté et de la peinture	☐	☐	☐	☐

Je peux m'exprimer et interagir pour

	À L'ORAL		À L'ÉCRIT	
	Acquis	En cours d'acquisition	Acquis	En cours d'acquisition
– débattre au sujet de la philosophie hédoniste	☐	☐	☐	☐
– apprécier des mets et des spécialités gastronomiques	☐	☐	☐	☐
– donner mon avis sur un restaurant dans un court article	☐	☐	☐	☐
– raconter par écrit un souvenir gourmand	☐	☐	☐	☐
– exprimer des hypothèses et des conditions	☐	☐	☐	☐
– parler de différences culturelles dans un domaine artistique	☐	☐	☐	☐
– analyser un texte littéraire et faire une fiche de lecture	☐	☐	☐	☐

DOSSIER 7

Je peux comprendre

	À L'ORAL		À L'ÉCRIT	
	Acquis	En cours d'acquisition	Acquis	En cours d'acquisition
– l'interview d'un anthropologue (Claude Lévi-Strauss) sur la notion de tolérance	☐	☐	☐	☐
– un texte d'un philosophe du XVIIᵉ siècle (Voltaire)	☐	☐	☐	☐
– le blog d'un militant du vote citoyen	☐	☐	☐	☐
– l'article d'un sociologue sur l'évolution des croyances dans le monde moderne	☐	☐	☐	☐
– une émission sur l'engagement humanitaire	☐	☐	☐	☐
– des documents variés traitant des nouvelles spiritualités	☐	☐	☐	☐
❄				
– quelqu'un qui évoque son parcours intellectuel	☐	☐	☐	☐
– quelqu'un qui parle du vote et des élections	☐	☐	☐	☐
– quelqu'un qui expose ses convictions	☐	☐	☐	☐
– quelqu'un qui explique les buts d'une organisation humanitaire	☐	☐	☐	☐

Je peux m'exprimer et interagir pour

	À L'ORAL		À L'ÉCRIT	
	Acquis	En cours d'acquisition	Acquis	En cours d'acquisition
– faire connaître et défendre les valeurs auxquelles je crois	☐	☐	☐	☐
– défendre une cause à laquelle je suis attaché(e)	☐	☐	☐	☐
– convaincre des interlocuteurs de la validité de mes convictions	☐	☐	☐	☐
– présenter les modalités du vote en France et dans mon pays	☐	☐	☐	☐
– exprimer mon opinion et débattre sur les intérêts de l'engagement humanitaire	☐	☐	☐	☐
– faire une synthèse de documents sur le thème de la spiritualité	☐	☐	☐	☐

DOSSIER 8

Je peux comprendre

	À L'ORAL		À L'ÉCRIT	
	Acquis	En cours d'acquisition	Acquis	En cours d'acquisition
– un échange radio(phonique) sur le thème de l'attachement à une région	☐	☐	☐	☐
– un article de presse qui présente les enjeux de l'Europe pour les régions françaises	☐	☐	☐	☐
– un texte politique polémique sur la défense des particularismes régionaux	☐	☐	☐	☐
– des argumentaires sur le choix des langues en Europe	☐	☐	☐	☐

	À L'ORAL		À L'ÉCRIT	
	Acquis	En cours d'acquisition	Acquis	En cours d'acquisition
– l'interview d'un linguiste français s'exprimant sur l'apprentissage des langues	☐	☐	☐	☐
– un bulletin d'informations radiophoniques francophones	☐	☐	☐	☐
✽				
– quelqu'un qui relate son attachement à sa région d'origine	☐	☐	☐	☐
– quelqu'un qui s'oppose à des décisions institutionnelles	☐	☐	☐	☐
– quelqu'un qui parle de l'apprentissage des langues étrangères	☐	☐	☐	☐
– quelqu'un qui commente des informations	☐	☐	☐	☐

Je peux m'exprimer et interagir pour

	À L'ORAL		À L'ÉCRIT	
– donner des informations sur une région de mon pays	☐	☐	☐	☐
– replacer le phénomène régional dans un contexte national ou européen	☐	☐	☐	☐
– décrire les institutions locales en France et dans mon pays	☐	☐	☐	☐
– rédiger un article revendicatif	☐	☐	☐	☐
– m'opposer à des décisions et des choix qui ne me conviennent pas	☐	☐	☐	☐
– débattre et argumenter sur le thème des langues régionales	☐	☐	☐	☐

DOSSIER 9

Je peux comprendre

	À L'ORAL		À L'ÉCRIT	
– un article de presse sur les causes et les effets de la mondialisation	☐	☐	☐	☐
– des courriers de lecteurs	☐	☐	☐	☐
– un article sur un métier disparu	☐	☐	☐	☐
– un article sur un métier du futur	☐	☐	☐	☐
– un extrait d'*Une brève histoire de l'avenir* du penseur Jacques Attali	☐	☐	☐	☐
– les mots empruntés aux autres langues	☐	☐	☐	☐
✽				
– quelqu'un qui parle des conséquences de la mondialisation	☐	☐	☐	☐
– quelqu'un qui donne un jugement personnel et son appréciation sur des inventions	☐	☐	☐	☐
– quelqu'un qui parle des inventions dont il rêve pour le XXIe siècle	☐	☐	☐	☐

Je peux m'exprimer et interagir pour

	À L'ORAL		À L'ÉCRIT	
– donner mon point de vue sur la mondialisation et le monde de demain	☐	☐	☐	☐
– écrire une lettre dans une rubrique du courrier des lecteurs	☐	☐	☐	☐
– rédiger un texte sur un métier disparu et un métier du futur	☐	☐	☐	☐
– rédiger un article à partir de notes écrites	☐	☐	☐	☐
– parler des inventions et faire des prédictions	☐	☐	☐	☐
– rédiger un article sur la situation économique actuelle de mon pays en faisant des comparaisons	☐	☐	☐	☐
– présenter mon point de vue à l'oral sur un thème en argumentant	☐	☐	☐	☐

Achevé d'imprimer en France par Mame Imprimeurs à Tours (n° 08032023)
Dépôt légal : 04/2008 - Collection n° 05 - Edition 01
15/5517/6